游戏化改变制造业
工厂的智趣玩法

刘敏洋 著

Gamification Changes the Manufacturing Industry
Smart-fun Design in Factories

化学工业出版社

·北京·

内容简介

《游戏化改变制造业——工厂的智趣玩法》对中国制造业人力资源管理变革与趋势发展进行了梳理，对制造业主力军的新生代员工的心理行为特征进行了分析，结合工作设计、用户体验设计、游戏化设计、信息技术辅助管理设计等方法，提出了面向数控机床操作工人的智趣体验式工作设计模型与框架，并进行了相应的应用设计案例分析。

本书涉及机械制造、心理学、行为学、设计学、计算机科学等多个学科，具有较强的国际前沿性与创新性，不但适合需求创新精神的制造企业管理者进行理论与应用的理念扩充，也对从事设计与游戏化设计领域的从业人员具有较强的启发性。

图书在版编目（CIP）数据

游戏化改变制造业：工厂的智趣玩法/刘敏洋著.—北京：化学工业出版社，2020.9
ISBN 978-7-122-37853-8

Ⅰ.①游… Ⅱ.①刘… Ⅲ.①制造工业-工业发展-研究-中国 Ⅳ.①F426.4

中国版本图书馆CIP数据核字（2020）第189338号

责任编辑：王　烨　雷桐辉　　　　　　　　文字编辑：谢蓉蓉
责任校对：李雨晴　　　　　　　　　　　　装帧设计：王晓宇

出版发行：化学工业出版社（北京市东城区青年湖南街13号　邮政编码100011）
印　　装：三河市延风印装有限公司
710mm×1000mm　1/16　印张8¼　字数113千字　　2020年9月北京第1版第1次印刷

购书咨询：010-64518888　　　　　　　　　售后服务：010-64518899
网　　址：http://www.cip.com.cn
凡购买本书，如有缺损质量问题，本社销售中心负责调换。

定　　价：59.00元　　　　　　　　　　　　　　　版权所有　违者必究

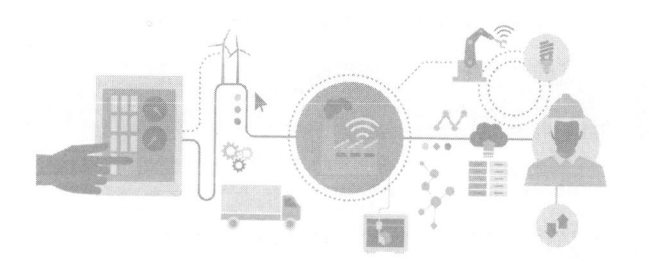

前　言

通过游戏学习知识和认知世界是人类最本能、最易接受、并且可能是最为擅长的一种方式。"游戏人间",似乎也以一种充满诗意的方式告知着我们,游戏已被写入我们的基因,无论你认为自己是一个多么严肃、拒绝玩乐的人。一款好的游戏,总会蕴藏着各种能够激发人类不断好奇、不断发现、不断解决问题、又不断认识新的世界的逻辑思维,让人欲罢不能。毫不夸张地说,掌握这类机制及逻辑的人,也就拥有了奇妙的力量,可以驱动他人完成某些被设定好的目标,甚至让他们乐此不疲。

这也是近年来设计界的一个流行趋势,即游戏化设计,为一切人类不愿意从事的事情赋予游戏体验,从而完成既定目标的"乌托邦"。如今,通过游戏化改变世界已绝不是乌托邦,各个产业,特别是第三产业及一些新兴产业,都逐渐感受到游戏化所带来的好处与利益。既然游戏化充满"魔力",为什么不能将其应用在亟需转型的制造业中,让它发挥自己强大的激励能力,从而改变制造业所面临的与人相关的种种难题?这便是我撰写本书的初衷与研究开始的地方。

在全球制造业都面临革命性转折的时期,中国制造业的高离职率、员工老龄化以及招工荒等问题成了急需解决的重要问题。制造生产枯燥的工作性质、恶劣的工作环境以及较低的薪资水平导致一线工人工作动机不足、工作满意度降低。如果能够对制造业一线操作工作进行工作再设计,结合先进的信息技术为其提供一种兼具智能感和激励感的游戏化工作体验，从而达到既提升制造企业管理效率，又促进员工正面工作情绪及绩效表现的双赢目的，应该是整个行业都希望看到的结果。

因此，本书通过五章进行了分析与研究。第一章引出了中国制造业目前面临的危机，然而这些危机也是转机的开始。结合中国制造业人力资源管理现状、制造生产的管理变革与趋势、工作设计、用户体验设计、游戏化设计、工作游戏化设计以及数控机床操作的工作设计、智趣化制造业的核心技术等内容，阐述智趣化能够为制造业带来怎样的转机。第二章对智趣化进行了定义，并且通过多维理论对智趣化的运作机制和工作原理进行了描述，从而提出设计模型。第三章主要阐述了智趣化的设计方法与设计框架。第四章为智趣化的应用设计，面向数控机床操作提出了一套智趣体验式信息管理系统。第五章则总结了本书的主要工作以及主要创新之处，并阐述了未来工作的展望。本书所进行的研究及应用，不仅是一次在智能制造趋势下对信息技术与制造业管理有机结合的设计探索，同时更为制造业人力资源的可持续性发展提供了一种新的解决策略。

撰写本书的过程的确充满艰辛。在此，需要特别感谢学术研究过程中对我进行过悉心指导的每一位恩师，在他们充满建设性的建议和耐心的解答下，才使得研究中的问题逐个攻破，迎刃而解。感谢在实验过程中给予过我大力帮助的工程师们，特别是当我在传统行业中进行创新性探索的过程中受到各种局限、瓶颈、举步维艰时，他们的协助让研究和实验顺利地进行下去，取得了突破性的进展。最后我要真诚感谢我的父母在这求学道路上的倾力支持和无微不至的关怀，正是由于他们的理解和支持使我在交叉学科的领域里初有所成，在学习的道路上克服困难，不断求索。

北京信息科技大学　刘敏洋

2020 年 1 月

目 录

绪论

1 游戏，制造业的新玩法

第一章

6 危机即转机

第一节 **管理者的必修课 7**
　　　 中国制造业人力资源管理　7
　　　 制造业生产的变革趋势　10

第二节 **智趣式解决之道 13**
　　　 何为工作设计　13
　　　 用户体验设计　15
　　　 游戏化设计　17
　　　 企业游戏化设计　21
　　　 数控机床操作的工作设计　23
　　　 智趣化制造业的核心技术　27

第二章

30 智趣化的运作机制

第一节 **智与趣亦可兼得 32**
　　　 智趣体验式工作设计的概念　32

第二节 **心之所想　行之所至 34**
　　　 基于自决理论的设计原理　34
　　　 基于目标设定理论的设计原理　36
　　　 基于游戏化理论的设计原理　39
　　　 基于认同感的设计原理　46
　　　 基于工作特征模型的设计原理　47

第三节 **智趣化的法则 50**
　　　 智趣体验式工作设计模型　50
　　　 智趣体验式工作设计模型的特点　51

第三章

54 智趣化的设计方法

第一节 **该设计师登场了 55**
　　　 智趣体验式工作设计框架与模型的关系　55

第二节　智趣化设计框架　57
　　　　准备阶段　57
　　　　智趣阶段　58
　　　　评价阶段　59
第三节　以数控机床操作为例　60
　　　　准备阶段　60
　　　　智趣阶段　65
　　　　评价阶段　70
第四节　智趣化设计的优势　72
　　　　游戏化工作设计的动机驱动性　72
　　　　对制造业两化融合的推动性　73
　　　　智趣体验式工作设计的普适性　73

第四章
76　智趣化的应用设计

第一节　听工厂诉需求　77
　　　　典型装备制造企业组织架构　77
　　　　典型数控机床操作流程　79
　　　　数控机床操作流程中的管理问题及需求　81
第二节　为工厂建系统　84
　　　　智趣式管理信息系统总体架构　84
　　　　数控机床终端功能　85
　　　　上位机端功能　86
　　　　云服务端功能　88
　　　　移动客户端功能　89
第三节　给系统做设计　91
　　　　机床终端设计　91
　　　　上位机端设计　94
　　　　云服务端设计　94
　　　　移动客户端设计　98
第四节　让工厂试一试　113
　　　　系统应用评价　113

第五章
115　智趣化在路上

第一节　制造业的智趣化　116
　　　　现有创新　116
第二节　智趣化的发展　124

绪　论
游戏，制造业的新玩法

自 2010 年以来，中国、德国、日本、欧盟以及美国纷纷发布了各自的制造业发展战略并将其列为优先发展项目，这便表明了全球制造业已然进入一个重组时代。以中国提出的"中国制造 2025"国家强国战略为例，该战略旨在通过促进制造业自主创新能力提升，产业提质增效，加快新一代信息技术与制造业深度融合，着力发展智能制造，从而满足经济社会发展和国防建设对重大技术装备的需求为目标，形成多维度高水平人才培养体系，助力产业转型与升级，实现由"中国制造"向"中国创造"的革新性转变。然而，当从宏伟目标的视角转而聚焦到生产制造一线的制造企业时，不难发现中国制造业正面临着诸多层次的问题，无论是技术角度创新突破抑或是可持续发展角度的人力资源留存。制造业创新能力不足、员工流动率与离职率高居不下，制造工人的工作动机和满意度均较大程度地低于预期，人才留驻率也低于众多行业的平均水平。诸多问题的产生主要归因有二：一是缺乏优质且长期的制造教育培养。我国制造业具有工匠精神的高技能人才极度缺乏，以日本和德国这两个制造业发达国家为例，其产业工人中的高级技工占比约为 40% 与 50%，而我国的同类占比仅为 5%，这样悬殊的差距使得我国制造业在质量与技术提升方面很难得到快速发展。同时，学校教授的内容与制造业实际生产技能的需求不能完全匹配，产学需要进一步融合，学生面对实际工作时需花费大量额外时间和精力成本进行再次学习与培训，更加鲜少能够产生自主创新行为。另一方面，企业对员工的继续培养与职业创新培训也有所不足，员工进入岗位后，较少能够获得由企业或者专业机构提供的优质且长期的培训机会，职业技能提升速度慢，并且缺乏系统有效的职业规划，这对于制造业高水平人才培养以及留存有较大影响。

造成制造业诸多问题的第二个主要原因在于，制造业所涉及的工作任务大多具有内容单一常规、重复性高、局限性较大、工作环境恶劣、工资薪酬低、社会地位较低等特点。在典型的设备制造企业中，一线操作员的工作内容主要为基于对数控机床进行各项操作从而完成生产制造加工任务。在典型的数控机床操作工人日常工作中，他们需要面对冰冷的机床，重复性地执行完成相应的程序，在加工过程中，可能会出现系统故障、加工问题，有时甚至会令整个加工工件毁损，耽误生产进度。通常他们都是需要站在机床前观察加工是否顺利进行，即便有休息的时间，也只能在附近的桌椅上简单小憩，再加之工厂内充斥着机油、冷却液等工业化学的气味，令原本就枯燥乏味、体力消耗大的工作更加令人感到疲惫。这与如今较为时兴的互联网、金融等新兴行业的日常工作则形成了鲜明的对比。工厂里的工作没有具有挑战性和高节奏的工作内容，也无"高大上"的工作环境和丰厚的薪资回报，着实较难激发新生代人力资源对制造企业岗位产生兴趣。特别是，眼下制造企业的一线操作工人已有极大比例的新生代员工，即出生于1980年之后的员工，他们常被冠以"数字原住民"的称号，从小就在充斥着电子产品的生活环境中长大，在面对如此烦琐且体力要求高的工作时是很难产生强烈工作动机和职业兴趣的。

解决上述问题确实不是简单的任务，它涉及了行业与部门之间大量的管理融合、制度改革与协作配合。改善工作重复性和嘈杂工作环境的传统思路是利用专业的机器人代替人类操作员，因为工业机器人被设计出来的目的便在于它们擅长机械和烦琐的工作并且不会受到情感上的影响。此外，一旦大规模将工业机器人应用于一线的生产制造工作，便可以极大程度地降低企业的长期成本。与此相关的研究与应用已在德国、日本、美国等制造业发达国家进行了广泛和深入的探索与实践，智能工厂、工业4.0、无人车间等概念也被逐渐熟知。然而，在中国，机器人是否能够大规模取代人力的话题也经常被提及和讨论，并引起了较大的社会关注。由于中国制造业范围广、水平参差不齐、劳动力集群性质的问题，利用机器人取代人力劳动需要涉及大量资本投入以及不同行业和部门配合，多数专家认为在短时间内不会发生由机器人彻底代替人工这种颠覆性的革命。

那么，既要解决制造业劳动力创新能力不足、人员流失率高的问题，又无法在短时间内大规模利用机器取代人工劳动力的情况下，相关管理部门人员就亟需提出新颖独特的解决方案。国外前沿研究理念中对制造业的智慧工厂提出了新的建设目标，着力将其发展重点聚焦在"通过对人、机器、对象和信息通信技术系统进行智能的、水平以及垂直的互联互接，从而完成更高效和灵活的复杂制造业系统动态管理"。许多公司利用互联网以及移动信息技术，也被称为ICT（Information, Communication, Technology），对员工的工作行为进行跟踪、监控，对其绩效表现进行记录、收集与反馈，最终通过量化标准给予奖励并提升日常工作管理效率。有趣的是，当"游戏化"这一创新术语在2010年被广泛提出，它便为工作场所的这种革命性的信息管理方法注入了更多活力，因其有助于提升员工日常工作任务的投入感、完成度和效能感而开始在各类新兴产业的工作场所中盛行开来。特别是具有高比例新生代员工的公司与企业，也在积极采纳并且探索此类工作游戏化方法。由于年轻员工已经逐步成为市场人力资源主力军，他们成长于充斥着数码产品与游戏的网络环境之中，善于学习以及使用互联网思维，如果可以合理地将看似与工作对立的游戏元素与机制整合到工作过程与运营周期中，则很有可能通过对现有工作方式以及运营流程进行再设计从而增强员工的工作动机、满意度、参与度与绩效表现。目前，游戏化的概念还在被广泛讨论之中，因为在不同语境与应用场景之下，游戏的程度与目的都存在着较大的区别，但其核心主题则是利用适当的游戏元素和机制来使用户或玩家参与其到当前的活动之中，并提高其效率感、动机性与娱乐体验。这尤其适用于单调且自决程度低的活动，例如单一枯燥的运动、乏味困难的记忆单词，以及例如前文所述的数控机床操作和流水线生产。当企业决定在工作场所中实施游戏化管理时，它会为员工的工作经验增加一个类似于游戏体验的层面，并能够快速高效地为其提供与其工作绩效相关的实时可视化反馈，让员工在充满动机和愉悦体验的环境中工作与产出。这也就是所谓的"幸福的生产力"，对多数雇主与企业管理者来说是一种全新的管理模式探索。然而，相较于IT、金融等第三产业或者新兴行业，制造企业的管理者思路相对保守，更愿意尝试在技术方面的创新管理，如加强企业资源计划（ERP）或制造执行系统（MES）的大数据以及人工智能属性从而提升企业管理效率，而非尝试对企业员工进行更加人性化以及动机心理的培养与管理，因此在这类传统产业中进行游戏化研究尝试很少，也存在着一定的研究空白。

诚然，对于制造企业管理人员的顾虑也是可以理解的，除非能够极大程度地保证在制造环境下将游戏化与生产过程及先进信息技术进行无缝集成，否则在制造企业中实施游戏化管理，如在数控机床操作中融入游戏感体验，的确是一种冒险行为。因此，若想说服制造企业管理人员对游戏化概念认可，亟需提出一种适应性更强、能够满足工业场所管理需求、员工接受度高的游戏化概念。为此，笔者以提高数控机床操作人员的工作经验和工作绩效表现为目标，提出了一个新的术语，即"智趣体验式工作设计"。其中，"智"体现在利用信息技术为工业化管理提升智能属性，"趣"体现在为制造业员工带来愉悦与具有吸引力的工作体验。对某项工作进行智趣体验式工作设计的过程，便称之为"智趣化"设计。本书将会通过研究智趣体验式工作设计的工作原理，探讨它是如何对数控机床操作人员进行影响。这里主要涉及两个情绪指标以及一个行为指标，前者包括工作动机与工作满意度，后者为操作员工的绩效表现，以此来对智趣体验式工作设计的有效性进行评价。如若该方法可以使得数控机床操作人员工作体验和工作绩效表现产生显著性提高，则证明智趣体验式工作设计对于制造企业管理人员来说是一种可被采纳的全新管理尝试，也为缓解制造企业员工离职率高和制造业人才保留困难的问题提供了一种创新的方法。

第 一 章

危机即转机

第一节　管理者的必修课

中国制造业人力资源管理

随着"中国制造2025"国家战略的发布，加之大数据、人工智能、机器人和虚拟设计等先进技术的出现，全球环境对中国制造业人力资源管理提出了新的挑战与要求。"中国制造2025"中提出"人才为本"是对中国制造业人才培养及储备提出的目标和要求。其内涵为"建立健全科学合理的选人、用人、育人机制，加快培养制造业发展急需的专业技术人才、经营管理人才、技能人才。营造大众创业、万众创新的氛围，建设一支素质优良、结构合理的制造业人才队伍，走人才引领的发展道路"。基于该国家战略，教育部、人力资源和社会保障部、工业和信息化部三部联合发布了《中国制造业人才发展规划指南》，并在其中提出了包括推进制造业人才供给结构改革、加快实现产业和教育深度融合、提升制造业人才关键能力和素质、打造高素质专业技术人才队伍、造就技艺精湛的技术技能人才队伍、建设高水平的经营管理人才队伍、优化制造业人才发展环境在内的七项主要任务。

目前，中国制造业人力资源培养与吸引的现状主要需要从相关技术教育和企业管理两个层面进行分析。如图1-1所示，大量有着机械制造相关教育背景的劳动力涌入岗位，他们大多为职业技术学历，本科生在企业的停留时间平均为两年左右，研究生学历的人员招聘数量微乎其微。多项研究表明，制造业缺乏高层次的人才，初中毕业生的比例不断增加，但本科生和研究生的比例却较难增加。这样的人力资源水平导致我国存在一线员工素质提升困难，高技能和高端制造业从业人员数量不足，技术创新能力难

第一章　危机即转机　　**7**

以提升，人均效率低下等问题。同时，我国制造业企业内部的科技研发团队水平远低于日本、美国的企业，企业管理缺失，使人才流失严重，从而严重阻碍了科技创新发展。大量不具备知识分工与智力共享能力的人力资源进入工作岗位，加之企业在管理过程中对创新能力的培养欠缺，较难短时间实现向现代知识型人才转化，从而使得我国制造业较难形成创新驱动、智能转型、吸引更多人才的良性循环，在人才投入方面出现创新力不足的问题，自然也就导致我国制造业技术创新不足。我国制造业的核心技术以及零部件高度依赖国外企业，其中80%的高端芯片只能进口。当发达国家制造业约有35%的附加值比例，美国和德国甚至超过40%，中国制造业的附加值比例仅为21.4%。因此，加强创新型人才的培养，发挥人力资本在推动创新中的作用，是助力中国从制造大国转型到制造强国建设过程中迫在眉睫的必修功课。

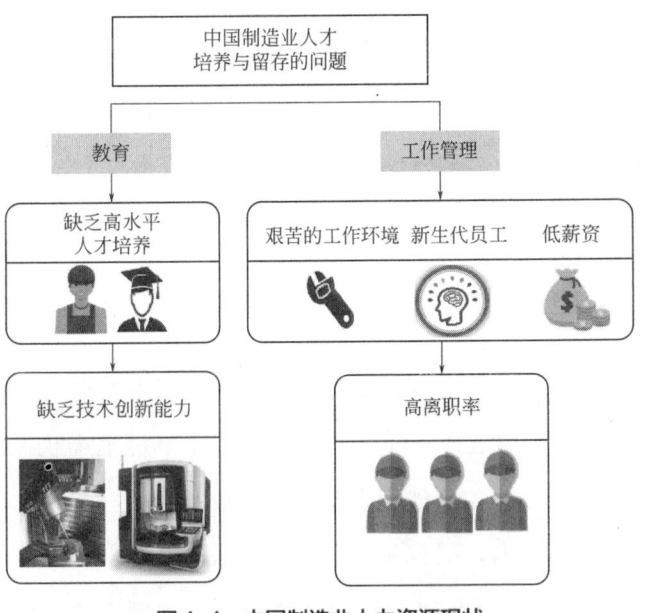

图1-1　中国制造业人力资源现状

再将视角聚焦到企业管理层面，制造业艰苦的工作环境、大量新生代员工的涌入以及较低的薪酬回报共同使得该行业难以吸引并留住优秀人才。典型的数控机床操作工人工作现状如图 1-2 所示。数据显示，制造业一线操作员工离职率居多个行业之首，高达 31.5%；其次是生产管理类，高达 27.1%。近年来，大量 80、90 甚至 00 后新生代员工加入并成为公司的主力军，在公司的发展中发挥着重要作用。由于时代和环境的不断变化，新生代员工具有鲜明的性格特征，例如他们重视工作的兴趣导向、渴望对工作和空间的自主选择权、提倡更多有偿工作，这与他们的前辈代际工作者有很大不同。这些特征导致了相对较低的工作场所稳定性和较高的离职率，频繁变动的现象甚至影响到了其他员工。与其他行业相比，人口结构和社会经济发展的这种变化造成了沿海地区严重的招聘缺口，加之缺乏人力资源开发和管理，管理人员领导能力薄弱，归属感和向心力不足，加剧了制造业员工忠诚度下降和离职率特别高的情况。相比于 IT 和服务行业，制造业的平均工资水平尽管一直在增长，但仍然相对较低。根据著名人力资源网站发布的《2016 年中国企业员工离职率调查报告》，制造业车间主任已成为热点，但平均年收入仅为 5.2 万元。可以看出，制造业总体工资水平低下，不利于吸引和留住优秀人才。

图 1-2　典型的数控机床操作工人工作现状

目前，我国制造业人力资源水平与发达国家存在较大差距，由于长期存在"重技术，轻管理"的管理弊端，高度重视技术提升，鲜少尝试更具时代特点与创新方式方法的智能管理，从而使得我国制造业人力资源长期处于劳动密集、附加值低、创新力不足的阶段，或直接或间接地导致从业人员工作动机与正面情绪不足、行业薪资和员工忠诚度低下、离职率高、人才留驻率低等问题，成为制约企业转型升级的瓶颈。因此，通过改变管理理念，重视人力资源创新管理方法与制度的提出和尝试，提升制造业在我国社会经济中的地位以及对潜在人力资源的吸引力，培养高素质和具有创新能力的技术人才，是奠定具有竞争力的制造业创新改革的基础，也是促进中国制造业智能转型的根本动力。

制造业生产的变革趋势

面对上述问题，要通过更加科学和社会可持续的管理方法来加以解决。制造业在全球范围内逐步通过管理变革影响着工人完成工作的方式，从而增强制造业对优秀人才的保留率和吸引力。到目前为止，制造业生产的管理变革具有两种趋势，如图 1-3 所示。一种趋势是高度地以技术为中心定位，使用大量自动化方法来完成各种工作程序，以最大限度地减小手工工作负荷。例如，著名的日本制造公司 FANUC 在全球范围内建立了多个机器人工厂，这些工厂利用大规模工业机器人完成生产、组装、测试和分配等一系列制造流程，实现了工厂的智能自动化，并取代了成千上万的操作工人岗位。再如，物联网（IOT）以及信息物理系统（CPS）技术在制造业中的应用。这些应用程序允许操作者通过人机交互界面和物理过程与设备进行交互，并通过网络信号对生产制造进行远程的、可靠的、即时的、安全的以及协作性的控制。这种生产方式提高了制造效率和物流运输速度，趋向于更加精确和易于满足离散制造任务的需求。

以技术为中心的生产方式虽然可以大大降低人工成本，但同时也会带来员工技能下降的问题。由此派生了另一趋势，即遵循以人为中心的定位，通过使用智能工具和辅助信息系统，使操作工人可以更高效地完成各种工作和决策任务。这一趋势可以令操作工人在需要时随时获得物理和认知上的帮助，从而学习和培养新技能。在以人为中心的定位中，人被视为环境中的主导者，是能够自行积累工作知识的重要载体，对设备与已开发的技术系统之间的交互有着至关重要的作用和影响。随着新生代员工逐渐成为制造业的主力军，传统的管理已无法满足他们的需求，他们受教育程度相对较高，对新技术的适应性也更强，更加关注工作场所的独立性，注重工作中获得的认可和职业发展与晋升。众所周知，在当今快节奏且不断变化的社会中，个体比以往任何时候都更有改变从生活和工作中构建自我认同感的机会。企业不仅应当考虑员工的工作完成度，还需关注他们工作与生活的平衡、身心健康等问题，从而进行灵活多样的激励管理，以提高员工的投入感、忠诚度和绩效表现。

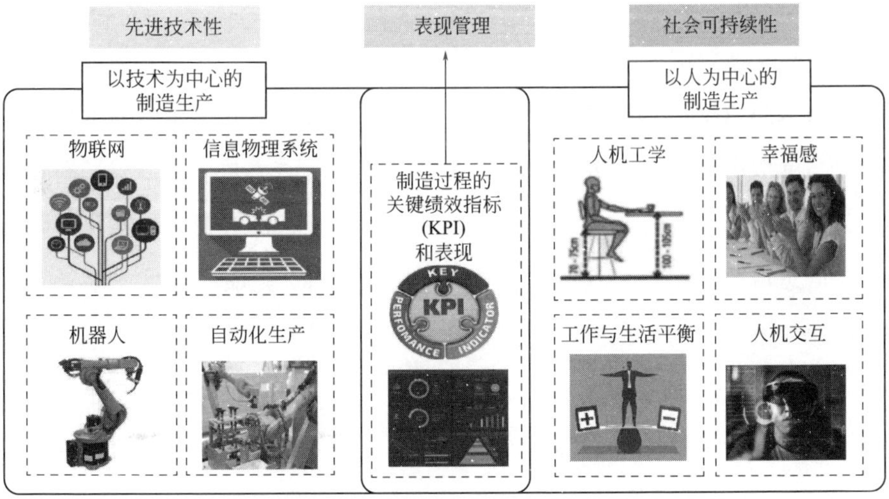

图 1-3　制造业生产的管理变革趋势

无论是被企业称为先进技术性的以技术为中心的趋势，还是被称为具有社会可持续性的以人为中心的趋势，对企业来说最重要的核心要素都是它们相互交叠的部分，即绩效管理，例如关键绩效指标（KPI）管理。在过去的几十年中，高度信息化使发达国家的蓝领工人数量减少了1/3，制造业蓝领劳工的成本不超过1/3。聚焦中国制造业，美的集团的员工人数从近20万减少到了10.5万，制造效率每年却提高了15%～20%。这些案例表明，对绩效管理的重视是制造业革命的核心要素。越来越多的制造企业采用数字化、信息化、智能化的人力资源管理系统记录、存储和分析员工的个性化数据，并根据这些数据自定义管理模式。企业资源计划（ERP）和制造执行系统（MES）是制造业广泛使用的信息管理系统。企业资源计划专门用于企业数据信息化，其重点是对资金流和物流进行静态管理，灵活性较差。制造执行系统在跟踪生产过程中起着重要作用，它用于记录设备和产品的状态，生产过程和结果，而不是生产计划。当然，这些信息管理系统不能完全满足劳动力信息化程度低的需求。当前，制造业劳动力智能信息化的管理趋势包括自动化和精确的工时管理，如生产活动时间、非生产活动时间的数据采集、实时详细的劳动报告等。

因此，制造生产管理的一种新趋势便是将技术和人为因素如何影响制造的结果和效率纳入考量范围，通过激发高技能员工的内在潜力来提升其利用高度数字化技术完成复杂、高质量的生产活动。尤其是当大量新生代员工涌入工厂时，与传统的生产管理方法相比，这种新趋势更倾向于通过人与信息技术的交互来获得员工与管理层的支持。随着制造业中老龄化工人问题的出现，为员工提供更具竞争力、环境健康、令人满意的工作场所是促进员工以最大热情接受工作挑战，完成工作任务，实现制造企业的长期发展和社会可持续发展目标的重要手段。具体而言，企业竞争力主要来自预期的生产结果，社会可持续性则包括如何解决员工的身心健康、老龄化与多样性、生活与工作平衡等问题。企业竞争力的衡量相对简单，而社会可持续性的衡量则需要给予极大的重视与投入。

第二节　智趣式解决之道

何为工作设计

工作设计被定义为"为了满足工作人员的技术和组织要求以及工作人员的社会和个人要求而对工作的内容、方法和关系进行规范的过程"，是人力资源管理的主要功能。其核心目标旨在提高员工工作绩效和满意度，并减少员工在工作中遇到的问题。工作设计起源于史密斯（Smith）提出的通过简化工作获得丰硕成果的理念。坎皮恩（Campion）和梅德斯克（Medsker）将工作设计认定为一种跨学科研究。达斯（Das）将工作设计概括为四个趋势，包括以技术为中心的方法、以人为中心的方法、社会技术方法以及多维度方法。以技术为中心的方法是最常用的设计过程，它着重于技术设计而不是整个生产系统。以人为中心的方法则旨在"通过对员工个人能力成长、专业技能和社会能力提升，以及使用人的能力和技能作为生产力主要来源等方式塑造工作系统"。社会技术方法是指将工作系统视为社会技术系统，认为技术和社会工作系统同等重要。多维度方法则是通过对多学科交叉的知识整合进行面向不同语境与使用场景的工作设计研究。基于这四个概念趋势，可以将详细的工作设计方法归纳为机械方法、动机方法、社会技术方法和感知方法四类，如图 1-4 所示。

机械方法作为典型的以技术为中心的方法，强调分工化、专业化和极简化，通常会导致产生诸如单调的工作性质以及工人不满的情绪等副作用。整个工作过程是通过不同的工人完成高度专业化的工作，以最大程度地减少空闲时间，从而最大限度地提高工作效率。这是工业工程的经典研究范围，已得到科学管理和运动经济的支持。

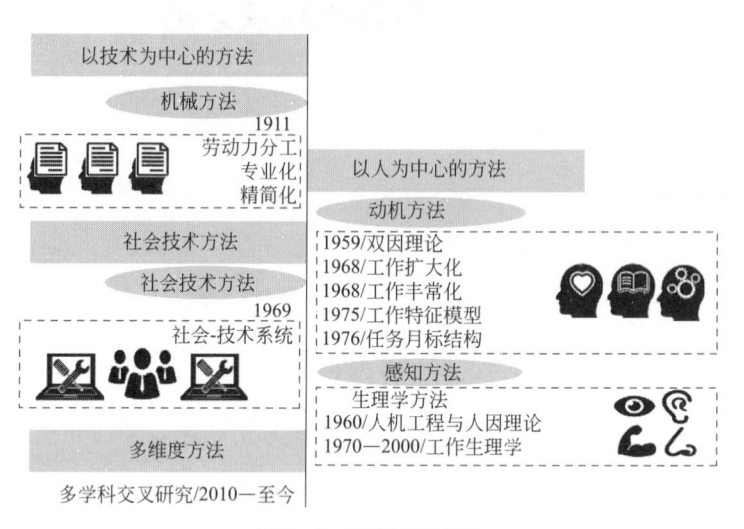

图1-4　工作设计方法

动机方法则强调工作对员工的心理影响，包括经典理论如双因理论、任务目标结构和工作特征模型（JCM）等多种方法。其中，由哈克曼（Hackman）与奥尔德姆（Oldham）提出的工作特征模型得到了良好的评估及广泛的应用。该模型认为大多数工作都可以被分解为五个核心工作维度，即技能多样性、任务完整性、任务重要性、任务自主性和任务反馈性。通过丰富的工作内容，可以激发员工的内在工作积极性，提升工作满意度和工作绩效表现，同时降低员工的缺勤率和离职率。工作扩大化、工作丰富化、工作轮换和工作技巧都是作为激励性工作设计方法而发展起来的衍生概念。

与上述以工作为中心的方法不同，埃默里（Emery）和特利斯特（Trist）提出了一种社会技术方法，将工作环境视为受社会和技术因素影响的系统。这是一种典型的社会技术方法，它在工作环境中非常关注员工的社会行为。

感知方法专注于解决感知问题，例如照明、显示器、工作场所布局、控制面板、工作时间等将如何安排。这种方法利用了人因学和人机工程学

14　游戏化改变制造业——工厂的智趣玩法

方面的理论，并关注了工作安全和人为限制方面的问题。同时，生物学方法也被经常使用，强调包括生物力学、工作生理学以及人体测量学在工作设计中的应用；特别是在涉及举重、人的力量的工作场景中，这种方法也与人因学和人体工程学具有交叉的研究内容。

多维度方法已然成为当今工作设计的主要趋势，主要是通过提倡采用多维方法，将社会因素、个体差异和团队合作整合到未来的工作设计中。本书所提出的智趣体验式工作设计便可被视为一种多维度创新的工作设计，旨在通过无处不在的信息技术辅助手段，利用游戏化设计理念，重塑制造业枯燥单一的工作体验，从而提升员工的正面心理情绪与工作绩效表现。

用户体验设计

用户体验（User Experience，UX）最初被定义为"描述一个人对系统的体验的各个方面"。随着信息时代的到来，用户体验成为人机交互（HCI）、以人为本设计（Human-Centered Design，HCD）、人因工程学、人机工程学等研究领域的热议关键词。用户体验因其可以基于不同的意图进行诠释而具有多种多样的定义，包括"使用某些产品为人类用户创造的体验""通过创造影响用户的体验，从而影响他们的感知和行为"以及"将人与环境因素结合在一起而产生复杂现象的过程"等。在丰富的定义中，学者们达成一致的观点，认为由于用户体验是一种通过用户内部状态与所设计的系统以及所在环境中产生互动后的结果，因此用户体验可被理解为是在用户、系统和语境之间进行交互的一种创造。

解释用户体验原理的理论基础分为若干流派，其中主要包括活动理论（Activity Theory）、分布式认知（Distributed Cognition）、可用性研究（Usability Studies）和情感设计（Emotional Design）。活动理论和分布式认知认为技术在复杂的社会环境中充当用户与活动之间的中介变量。可用性研究是用户体验研究的核心基础，是指在特定的使用环境下，产品可在何等程度上实现用户效率和满意度的目标。换言之，可用性研究将用户分为两部分，效率是系统的"务实"特征，满意度是系统的"享乐"特征。情感设计认为除了产品或系统之间的交互过程中触发的可用性以外，用户的愉悦、欢乐以及其他积极情绪等可以在心理上满足用户需求的情感，都应当是用户体验设计的重点。

用户体验设计研究中最广泛涉及的内容包括情感、心理需求、用户价值观、任务负荷这四个类别。以情感为导向的用户体验设计方法认为，情感是影响用户与工件之间交互最重要的因素。最常用的测量方法是积极负面情感量表（Positive Affect Negative Affect Schedule，PANAS），它可以对十种积极情绪和十种消极情绪进行评分，从而探讨和研究两者之间如何达到平衡。另外，技术接受模型（Technology Acceptance Model，TAM）也因其能够阐明情感因素与技术应用交互中的关系而被大量研究并广泛采用。

心理需求的概念是用户体验设计关注的另一个领域。自决理论（Self-determination Theory，SDT）解释了能力感、自主感以及关联感这三个关键基本心理需求是如何促进个体内在动机生成的。除此之外，有学者还提出了一种用户体验模型，其中将"目标"以及"完成目标"这些可以暗示用户行为的感受纳入了心理需求的范畴。研究结果表明，在与不同范围的技术进行交互时，个体的自主感与能力感对提升用户体验起到了至关重要的作用。

正如用户的心理需求一样，用户价值观也会因为个体差异而大相径庭，并通过产品或使用相应技术来影响用户体验。学者们提出了一个拥有十项普遍价值观的模型，包括权力、享乐主义、成就、自我指导、刺激、普适主义、传统、顺从、仁慈以及安全等人类普遍认为具有重要作用的价值观，并在各国的实证研究中验证了该模型的有效性。

任务负荷是指用户在完成一项活动或任务时所付出的身心努力，因此其相关研究通常与可用性研究有关。人们认为，将无关任务负载最小化可以更好地提升可用性和积极的用户体验。

游戏化设计

当"游戏化"这个崭新的术语被提出后，便逐步成为一个流行并且热度持续增长的研究领域。游戏化是一个跨学科的研究领域，它集合了设计学、管理学、心理学、计算机科学、商科等多学科专业知识，对人、对象、环境进行研究。戴特丁（Deterding）认为，游戏化的初期研究主要集中在游戏化的定义、设计以及成效等方面。到目前为止，游戏化的定义仍在不断的讨论以及扩展中。它既可以通过游戏性质从商业角度为品牌提供策划，又可以从心理角度支持用户的价值创造，因此学者们普遍认为游戏化是对现实世界良性"逃避"的一种极好形式。通常来说，游戏化在某种程度上以一种游戏的形式发挥作用，"在非游戏的环境中使用游戏元素与机制"是解释游戏化与游戏之间差异的最佳方法。相较于创建一个完整的严肃游戏（Serious Game），游戏化只需考虑如何将合适的游戏元素与游戏作为组件应用于非游戏的情境中，因此它具有更灵活和更广泛的作用。

除了探讨游戏的定义以外，游戏化的理论研究还包括基于各种层次和角度的框架构建以实现有效的游戏化设计。现有文献表明，游戏化设计的框架包括定性和定量两种类型。定性框架主要体现在定义设计原则上，而定量框架则是从知识、心理、逻辑、交互和测量这五个维度提出的。关于设计原理，两个最重要的设计框架是"机制 - 动力 - 美学"（Mechanics-Dynamics-Aesthetics，MDA）框架以及 6D 框架。在"机制 - 动力 - 美学"框架中，机制指的是特定的游戏组件，这些组件包含各类数据获取以及算法设计；动力是指随着时间的推移作用于玩家输入和任何其他输出的机制的运行；美学是指玩家与游戏系统互动时引起的理想情感反应。6D框架也是一个经常被引用的游戏化设计框架，其中包括定义业务目标和预期行为、描述参与者、设计具有乐趣的活动循环、使用适当的工具来部署游戏化系统几个部分。关于定量框架的研究中，从知识维度提出定量框架与6D框架相似，它们都强调需要在设计过程开始之前对用户进行心理和行为方面明确的目标设定。基于心理学的游戏化设计框架是最常用的框架，它们能够解释游戏化为什么有效。这些框架都提到了游戏化的基本特征，即"乐趣"，这也是游戏化设计过程中的核心要素。心理动机也是心理学游戏化框架经常用于解释游戏化设计工作原理的基本理论，并出现在大多数框架中。瑞安（Ryan）和德契（Deci）的自决理论（SDT）以心理需求为出发点，通过得到心理需求满足而产生内在动机和相应行为。同时，目标设定理论（Goal setting theory，GST）经常被心理学维度框架提及，该理论解释了目标设定与游戏化设计之间的关系及其应用。此外，社交、渴望的行为以及玩家分类被列为影响游戏化设计的重要心理效应因素。逻辑维度的框架则主要强调用户或者玩家的参与感周期。有学者提出了"游戏化循环"的概念，他们认为在游戏化信息系统的设计中，由游戏元素产生的分数循环系统应当为用户提供服务，从而改善在计算机环境中用户的认知与学习体验。互动维度框架认为由于合理的技术可以促进更有效的表达和提升游戏体验，因此大多数游戏化设计框架都应当包含与技术相关的部分，从而完成人机交互过程设计。最后，测量维度已逐渐成为游戏化设计框架的评估标准之一，为游戏化研究提供了更扎实的实证研究支持。兹彻曼（Zichermann）和坎宁安（Cunningham）提出了一套被当今大多数研究所采用的测量框架，用于量化参与者的心理和行为结果，包括动机、满意度、投入感、愉悦度、效率感、行为表现等方面的测量指标。

　　关于游戏化的第二阶段研究已开始逐渐成熟化，主要集中在以理论为导向的实证研究、设计方法及其应用领域等方面。随着测量维度的设计框架的提出，实证性研究已成为游戏化研究的基础门槛，越来越多的学者为了能以更加客观的方式解释游戏化的工作而在不断为游戏化设计过程提供更科学的方法论研究。例如，拉普（Rapp）就如何设计游戏化系统阐述了九项准则，包括实施各种类型的奖励和说服性策略，以鼓励用户在不同阶段进行行为改变，并且不断增强他们当前的行为动机。

游戏化最负盛名的优点在于它对激励玩家或用户以及提升用户体验方面的影响。游戏化的魔力在于它能够催生玩家的某种心理感知能力，这些心理感知能力随后会影响用户的行为结果。大多数研究表明，游戏化设计对用户的动机生成、投入感以及娱乐体验具有正面影响。但是，一些学者认为由于个体差异，游戏化设计的有效性和时效性会对个人行为改变结果产生不同作用。这些影响不仅仅是由人口统计学因素（例如性别、年龄、职业和背景）引起的，还可能是由个人对游戏的接受程度、偏好、追求过程还是结果以及目标取向所致。具有较高游戏接受度的用户通常会比具有较低游戏接受度的用户表现出更多积极性的行为结果变化。在游戏时，更注重结果而不是过程的用户更愿意接受游戏化设计，具有较高的以掌握某项技能为目标取向的用户则认为量化自我设计在游戏化设计中显得更为重要。另外，游戏化设计对用户行为结果的影响会随着时间的推移而发生变化，长期的游戏化设计将逐渐减少对参与者的心理结果和行为改变的影响。卡达多（Cardador）等学者建议，在游戏化设计过程中应当注意游戏化活动时长的设置。相较于长期性的游戏化设计，中型时长的游戏化设计更有可能保持用户的兴趣并维持他们的行为结果变化。

游戏化的应用领域也是至关重要的研究方向，它代表了在哪些情境下可以进行使用。游戏化的应用范围较广，最为常见的领域包括医疗、商业、教育、工作场所以及人机交互等。在医疗领域中，有学者通过对患者进行实时游戏化教育来促进其对大脑结构和功能的学习，该学者所开发的应用界面如图 1-5 所示。查尔斯（Charles）和麦克唐纳（Macdonald）开发了一套基于人、技术、美学和环境模型的游戏化康复系统，用于对患者进行精神治疗。在教育领域中，纳赫（Nah）和特拉普路（Telaprolu）等学者讨论了如何利用计算机游戏提高学习成绩，这对指导游戏化教育应用具有深刻的研究意义。莫拉（Mora）等人采用一种敏捷的方法快速创建了游戏化应用原型，并将其应用于优化高等教育的学习体验。还有学者基于适应性电子学习系统开发了一套游戏化应用程序，以提升学生的学习体验。在商业领域中，布里托（Brito）等学者基于众包系统开发了两个游戏化应用程序并将其应用于公共交通领域，结果显示用户界面的协作活动在可用性和可信赖性方面增长了 16%。罗宾森（Robinson）等学者通过分析美国著名电视节目《美国偶像》（American Idol）中的各种游戏化原则来思考如何将其套用于激发员工和客户的行为改变。伯克（Burke）开发了一款基于玩家体验设计过程的商业游戏化应用，其主要功能包括商业活动中的目标用户、商务目标，用户参与模型、游戏空间与旅程、游戏经济、业务成果以及应用的测试和迭代。在人机交互领域中，有学者提出了一套包括传感器、动机目标以及交互认知水平在内的人机交互游戏化设计工具包。还有学者设计了一款基于游戏化的交互式镜子，为用户创造游戏性和身临其境的环境，从而改善比如如何将书有序地放回书架等健康的生活方式行为，该案例效果如图 1-6 所示。游戏化在企业领域的应用，将在下一节"企业游戏化"中进行讨论。

当前，游戏化已将其巨大的影响力传播到世界各地的许多领域中，也因其具有多学科交叉属性而吸引了不同行业领域的研究人员从各个角度为其提供新的定义，尽管有时有些定义并不必在学术界获得广泛的认同。虽然游戏化设计始终不可能存在适用于所有情况的黄金公式，但相关学者们正在孜孜不倦地丰富和详尽着现有的游戏化理论，例如游戏元素和机制如何影响相应的心理需求满意度等。同时，相关学者们也在不断寻求着既适用于特定情况又更具普适性的设计方法和框架，毕竟无论是尖端行业还是传统行业，游戏化都可以作为一种创新方法帮其达成更好的组织目标并获得丰厚的收益。

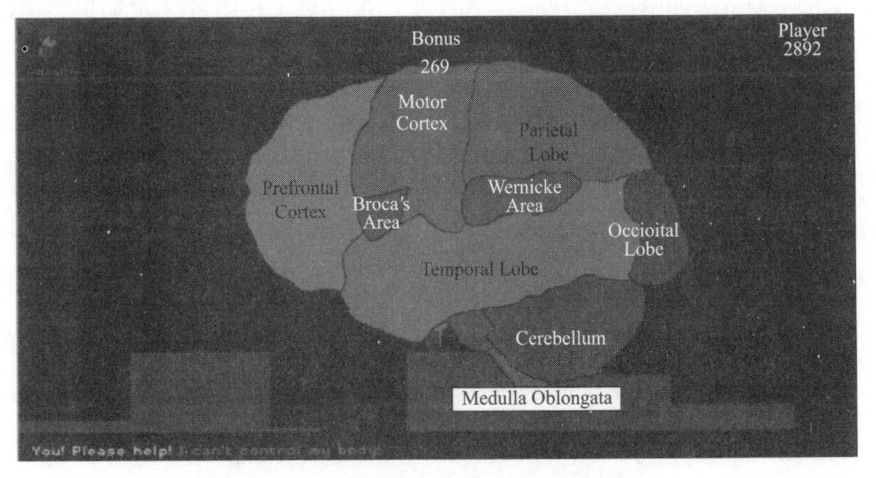

图1-5　用于学习大脑结构的应用界面

图1-6　用于促进行为改变的交互式镜子

企业游戏化设计

具体而言，企业游戏化也被称为工作游戏化，是一种用于工作设计的创新方法。它旨在将工作场所中所产生的体验转变为类似游戏的体验，或者通过将游戏设计原理和游戏交互元素应用到工作场所的过程和行为中。

第一章　危机即转机　　**21**

摩力克（Mollick）和罗斯巴德（Rothbard）补充说，它与传统工作设计的不同之处在于，工作游戏化仅仅改变了工作经验，而并没有重新设计实际工作的性质，也鲜少会增加原有的工作负荷。大量的实证性研究是通过对员工的心理指标和绩效表现指标进行研究来分析工作游戏化是如何影响组织行为的。有学者发现，通过对一系列枯燥的计算机校准任务进行游戏化设计，可以有效改善任务表现和用户投入感，该应用设计的交互界面如图1-7（a）所示。还有学者开发了一个用于工作场所信息共享的游戏化应用程序，以促进员工之间正向社交行为的生成，其应用界面如图1-7（b）所示。摩力克和罗斯巴德为达到提高银行销售人员工作绩效的目的，为某银行设计了一款游戏化信息系统。内莉（Neeli）提出了一套面向业务流程外包的游戏化框架，以提高员工的工作动机。还有学者基于一项企业级游戏化框架为IBM公司开发了一款信息软件，用于促进员工在公司中进行社交互动和技能学习参与。根据一项为期四年的研究，里夫斯和雷德（Reeves and Read）提出了工作游戏化的十条原则，可以用来全面指导并改善工作游戏化设计水平与成效。鲁西（Ruhi）基于修订过的MDA框架讨论了用户动机、交互式游戏元素、构成企业有效游戏化干预措施的技术特征与功能之间的关系。库玛（Kumar）概述了一种以玩家为中心的设计方法，该方法为用户体验设计师、产品经理以及开发人员在工作游戏化的设计原则提供了实用指南。舍芬（Schönen）将游戏化作为企业的一种管理方法，旨在将游戏化应用到企业的决策标准与决策过程中。雅各布（Jacob）通过目标模型设计提出了一个全新的企业游戏化模型，该模型包括组织目标、用户和社交媒体、反馈以及投入感循环等部分。此外，部分企业也将信息系统管理纳入可进行工作游戏化的范畴，通过将游戏元素应用于信息系统设计来激发员工工作动机的生成。李（Li）提出了一个面向信息系统工作游戏化的理论框架并开发了相应的应用软件，该应用成功地提高了员工生产效率、工作质量、员工士气以及员工忠诚度，从而为企业创造了一个具有积极参与度的工作环境。以上研究与案例均体现了一种风潮，即通过将企业级管理系统加以游戏化来帮助员工实现组织目标并提高生产与管理效率。

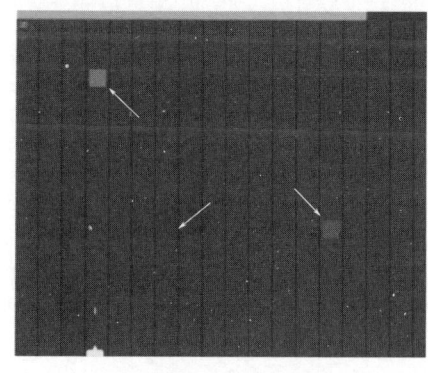

(a) 计算机校准工作游戏化设计

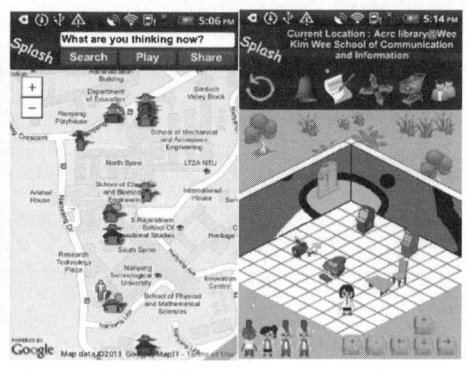

(b) 信息分享类游戏化应用

图1-7　工作游戏化的若干案例

另外，工作游戏化存在着一种渴望被回避但极可能会出现的结果，即"强制性乐趣"。它是管理者普遍面临的一个困境，因为在工作管理中施加的乐趣可能并不会被雇员所接受和理解。正如麦戈尼加尔（McGonigal）所说，有效的游戏化设计需要分享游戏的四个特征，即目标、规则、反馈和自愿性。不少学者认为强制性乐趣会降低游戏化的作用，因此乐于自愿参与游戏是工作游戏化至关重要的要素。为了维持工作游戏化的效率，是否参与或退出游戏应当是员工或玩家的自由选择。莫利克和罗斯巴德提出，员工在工作游戏化流程中所表现出的积极合作态度可被定义为一种称作"认同感"（consent）的概念。但是，工作游戏化中的认同感或者游戏自由意愿尚未被广泛纳入相关研究中，需要对此进行更加深入的探索。

数控机床操作的工作设计

数控机床是一种通过计算机编程命令控制的机床。与普通机床相比，数控机床具有更高的精度和效率，并且可以专门用来处理复杂工件。典型数控机床操作是制造业一线生产的代表性工作。通常数控机床操作包括两部分内容：准备工作和机加工工作。当需要批量加工同一类工件时，操作员工只需要执行一次准备工作，随后循环进行机加工工作，直到所有工件加工完毕。当需要生产加工大批量以及可重复的零件时，相对应的数控机床操作便会令操作员工产生单调枯燥、重复性高、主观能动性低下等情绪。如前所述，在仍然需要人工操作人员的情况下，此类数控机床操作会造成操作员工工作动机与满意度的严重匮乏并且影响其绩效表现，因此具有被重新设计的价值。

数控机床操作的工作设计属于跨学科领域，它结合了机械制造、管理学、心理学、行为学、信息技术等领域的知识。在大多数制造工厂中，数控机床操作工作都严格按照数控机床手册和工厂规定进行管理。这些重复乏味且对体力要求高的工作很少被管理层认为需要利用更具吸引力的方式来进行重新设计，因此也会令数控机床操作员工认为自己的工作更像是机器行为，而不是人类行为。幸运的是，数控机床操作员工存在的低工作动机与满意度以及高离职率，已经使得制造业管理者们开始思考如何寻求新的解决方案。

在对上述多领域文献梳理的基础上，各领域研究之间的关系如图1-8所示。由于数控机床操作具有重复性高、枯燥、低主观能动性等特点，传统的解决方法是对其进行重新工作设计。在以用户体验为新视角的工作设计方法中，通过对数控机床操作进行游戏化设计不失为一种创新的工作设计方法，它可以为数控机床操作员工的工作增加一层类似游戏的工作体验，非但不会改变此类工作的本质内容，还可以迎合制造业在革命性时代下应当注重以人为本的绩效管理趋势。

游戏化设计可以应用于数控机床操作工作设计的原因有四：首先，数控机床操作具有重复性、乏味性和自决性低的工作性质和特点。游戏化是

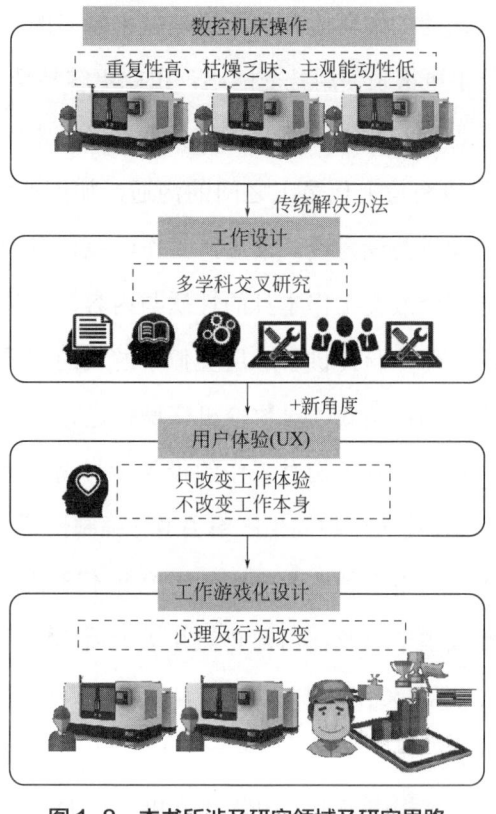

图1-8 本书所涉及研究领域及研究思路

解决此类工作的理想可行性解决方案，因为它包含了游戏元素和机制，例如积分、排行榜、挑战以及竞赛等，能够满足用户的能力感、自主感和关联感等心理需求。心理需求一旦得到满足，便会激发用户的内在动机。长期以来，员工缺乏工作动力一直是大多数制造企业在管理过程中遇到的主要问题，工作游戏化便可以以创新的方式解决这一问题。其次，游戏化具有提升绩效的巨大潜力，因为它可以使员工处于一种"心流"状态，即高度的沉浸感和专心致志体验，从而使他们能够保持强烈的动力以及最佳的工作绩效表现。处于"心流"状态的员工会产生一定的享受感和时间扭曲感，从而极大程度地提升工作敬业度，以及自我意识改变和积极行为改变。大量研究发现，员工的"心流"体验可以促进生产效率和企业利润的大幅

第一章 危机即转机　　**25**

提高。再次，游戏化的工作环境有利于管理越来越多的新生代员工。这些年轻员工比年长员工更擅长使用社交网络，也就更容易受到同龄人的影响，并期望问题能立即得到答复。使用新生代员工习以为常的、具有游戏感的管理系统可以增强他们与上代员工之间的沟通，加深他们对职责的理解，并提高他们的工作动机与满意度。最后，工作游戏化对大多数工作设计都是有益的，因为它不会改变工作本身的性质与内容，而是从用户体验设计的角度，为原本的工作体验提供了一层类似于游戏的感受，可视为一种全新的管理解决方案。归根结底，对数控机床操作进行游戏化设计可以促进员工自我价值的实现，提升他们对工作的投入感与满足感，使他们持有自愿完成工作的态度而不是为了提高生产率去遵守强制性要求。

目前，将游戏化应用于制造业的案例研究并不多见，主要应用范围包括制造培训、流水线生产以及与内部物流相关的流程设计。例如，有学者提出了一个通过做与AutoCAD相关的任务，获取分数和奖励的游戏化教程。还有学者开发了一个"虚拟培训工作室"，以帮助用户完成组装任务。某制造工厂在流水线生产过程中采用了团队竞争和在LED屏幕上显示竞争状态信息的方法，从而在积极竞争的情况下极大地刺激了工人之间的社交活动。某企业在内部物流工作中通过增加分数、徽章、排行榜、虚拟形象等方式为员工提供实时的工作绩效反馈，从而提高了员工的工作动机和拣货过程绩效。如图1-9（a）所示，有研究人员尝试在机械装配工作中引入游戏化设计的运动控制装置，从而可以让装备人员更好地感知生产的准确性和有效性。某科技公司开发了一款名为COSIGA的仿真游戏软件，通过游戏交互模拟产品开发阶段的模型与仿真设计。用户需要注意游戏中的限制，例如产品的规格、数量、质量、供应商以及库存水平，从而完成合理的产品设计。该软件交互界面如图1-9（b）所示。

根据现有研究可以看出，与IT和服务业相比，若想在工业生产过程中进行游戏化设计将面临较大挑战，这主要是因为行业严格的工作内容、特殊的工作环境以及相对保守的管理风格。为了解决上述中国制造业人力资源面临的种种问题，结合制造业企业注重人与机器双重绩效管理的趋势，需要考虑和探索一种更加适应制造业典型工作的游戏化设计概念。

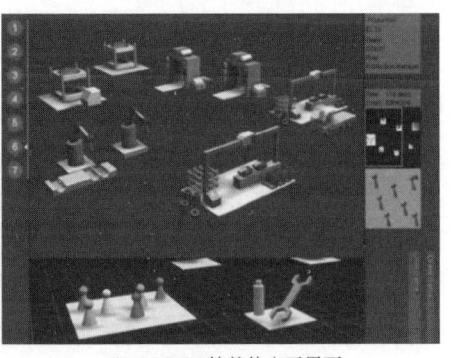

(a) 用于装配工作的游戏化设计　　　　　　(b) COSIGA软件的交互界面

图1-9　应用于制造业工作游戏化的若干案例

智趣化制造业的核心技术

综上所述，对制造业与智趣化的现有研究存在以下一些问题。

① 中国制造业人力资源的人才流失率很高，特别是一线生产工人。导致此问题的原因有很多，主要包括一线生产工作乏味、重复性高、主观能动性低、工作环境差、薪资水平低、新生代员工对此类工作兴趣不足、对传统管理方法满意度低等。解决这些问题的方法涉及多个学科与研究领域，然而鲜少有此类多学科交叉的相关研究。

② 将游戏化应用到制造业的数控机床操作中可能缺乏环境基础和管理层的支持，因为对这种传统工作进行重新的工作设计无论是从理念还是实践角度都存在着较大的挑战。设计师必须提出一个更具适应性的概念，以便充分利用信息技术管理的智能性为数控机床操作员工寻求一种既能满足工作需要，又能提升工作正面情绪和工作绩效表现的体验设计。

第一章　危机即转机　　**27**

③ 已有关于游戏化的研究中尚未系统地阐明常用的游戏元素和机制是如何对用户的心理需求和行为结果进行影响的。尽管部分研究对游戏元素和机制进行了单独分析，但仍未形成能够清晰明确解释每个游戏元素、机制与用户的心理和行为结果之间关系的理论或过程模型。

④ 已有的游戏化设计框架面临着普适性和语境多样性的悖论问题。根据以前的研究结果所提出的设计框架，一些是因为缺乏针对性而显得过于笼统，另一些则因为需要用于特殊情境而显得过于具体。

⑤ 缺乏同类研究参考。由于在过往的研究中鲜少有对数控机床操作进行游戏化设计的尝试，因此基于制造企业的具体需求、实地实践以及技术实施等方面需要进行大量的调查与研究。

如果提出一款能够促进数控机床操作员工、数控机床以及组织架构之间进行高效且有游戏感体验交互的信息系统，将会实现数控机床操作游戏化，也能为当下这个需要革命性精神的智能制造时代提供一种人力资源创新管理思路。

因此，本书在制造业、工作设计、信息技术、工业设计及心理学等领域进行了跨学科研究。秉承游戏化的三个主要优势，即增强内在动机、提高工作绩效以及满足新生代员工需求，旨在从理论和实践角度解决智趣化制造业工作的核心技术，从而提升数控机床操作人员的工作正面情绪与工作绩效表现。主要研究成果如下。

① 提出了一个由工作游戏化衍生出的全新概念，即"智趣体验式工作设计"，从而更加适应制造业中的典型数控机床操作工作设计。

② 建立了一种基于心理学理论的智趣体验式工作设计模型，并在游戏元素、游戏机制与用户的心理结果和行为结果之间建立起对应关系，为智趣体验式工作设计奠定相应的理论基础。

③ 提出了一个智趣体验式工作设计框架，为实施数控机床操作的智趣体验式工作设计提供理论指导。

④ 开发了用于数控机床操作的智趣体验式信息管理系统，通过数控机床终端、上位机端、云服务端以及移动客户端四个部分，将数控机床操作信息、管理人员以及操作人员联系起来并进行相应的管理。

本书的整体结构如图 1-10 所示。

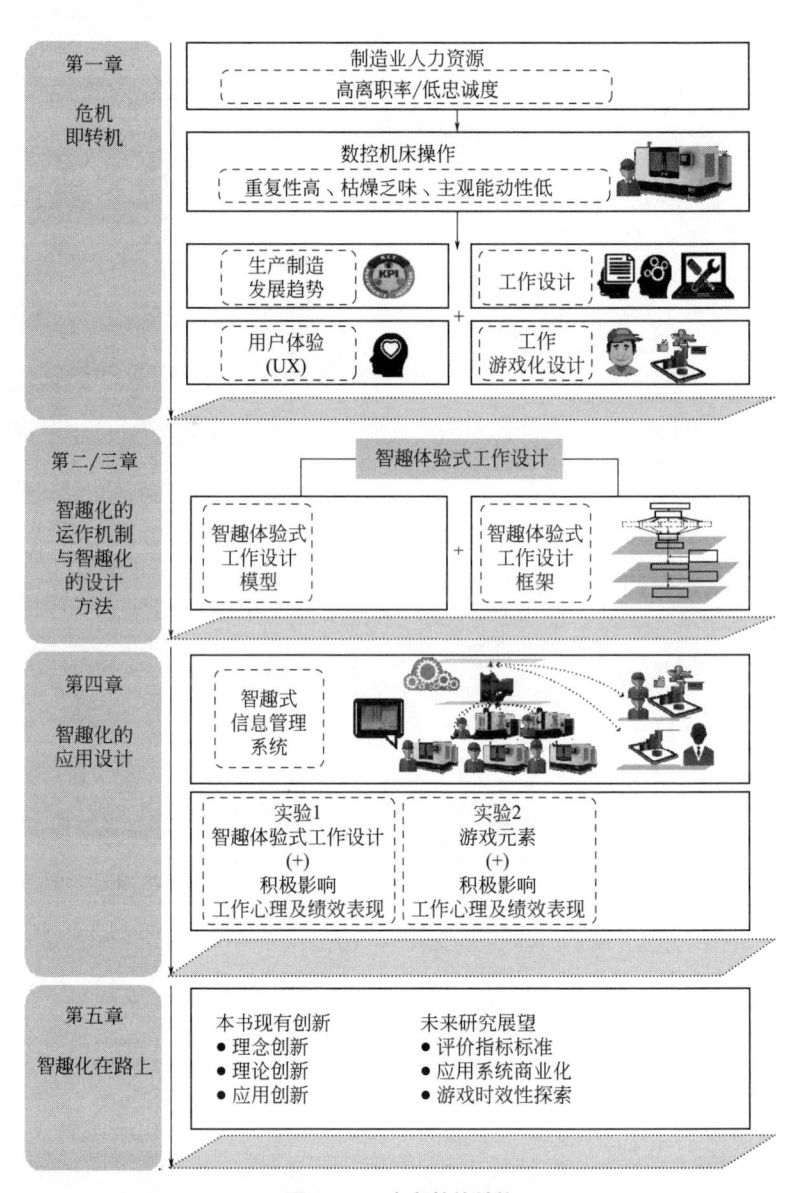

图 1-10　本书整体结构

第 二 章

智趣化的运作机制

本章提出了一个被称为"智趣体验式工作设计"的全新概念，此概念可以更好地适应工业生产环境中的工作设计，并且利用信息技术为管理层和员工层带来更有效以及更具激励性的工作体验。这个设计过程，也被称为"智趣化"设计。为了进行有效的智趣化设计，构建一个可以展现游戏元素、游戏机制与用户心理和行为结果之间关系的详细过程模型便显得至关重要。本章将对智趣体验式工作设计进行概念设定，并且选择自决理论、目标设定理论、认同感概念、游戏化设计以及工作特征模型等相关理论知识作为构建智趣体验式工作设计模型的基础。这些理论各具优势与特点，并且存在着有趣的重叠关系，具体如图2-1所示。智趣体验式工作设计模型的主体部分为基于自决理论中提到的关键心理需求及其对内在动机的影响。目标设定理论则提供了目标如何帮助实现这些关键心理需求满足的方法。工作特征模型的部分内容解释了工作设计如何基于内、外在动机的生成而对工作情绪和成果进行影响，这部分也是智趣体验式工作设计的最终目标。为了实现有效的智趣体验式工作设计，本章根据已有的游戏化理论筛选出一系列普遍适合工作环境下的游戏元素和游戏机制。最后，认同感这个概念也是智趣体验式工作设计中一个必须考虑的因素，因为它可以有效地避免强制性乐趣对用户产生负面的情绪及行为影响。

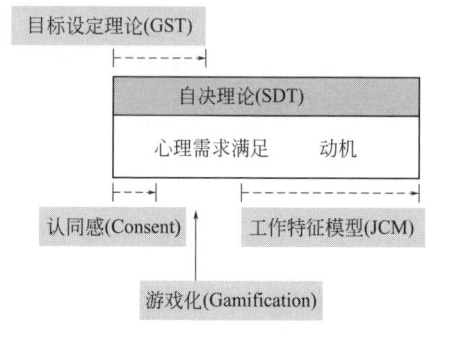

图2-1 构建智趣体验式工作设计各理论的关系

第一节　智与趣亦可兼得

智趣体验式工作设计的概念

尽管制造企业的领导者已经意识到制造业正处于急迫转型的过渡阶段，但当提出要对传统且有着严格标准的工业生产工作进行创新性的工作设计时，制造企业的决策者们大多认为它缺乏可行性与实际意义。如若顺利地进行本书所提出的智趣化设计，则需要业务经理、一线生产工人以及技术支持人员进行紧密、有效且创新的协同合作。与IT和服务行业的管理人员相比，大多数制造企业的管理层对工业生产工作设计保持着相对保守和机械的态度。长期以来，工业生产工作高度流程化、专业化以及精简化，这也是为何会有工业机器人取代人类操作者这一趋势的原因。到目前为止，即使在智能制造时代，人类操作者与机械设备之间的相互作用与关系也在不断地发生改变，然而大规模、全方位使用工业机器取代人类操作者的可能性还是较小的。因此，当操作人员不可避免地出现在生产和加工过程中时，制造企业的雇主们确实需要考虑创新性的管理改革。站在吸引人力资源的角度上，现有的典型一线生产工作的内容、性质以及工作环境对新生代员工的吸引力急剧下降，这会导致企业的招聘短缺和雇员老化等问题，也会间接导致制造业的生产力分布陷入恶性循环。从技术改革的角度来看，制造业与互联网技术的结合已成为全球制造业革命的必然趋势。除了解决智能制造的技术问题外，信息技术所提供的创新功能也有利于解决制造业生产的工作设计问题。

因此，以通过创新工作设计来提高制造行业人力资源社会可持续性为目的，结合移动互联网技术在智能制造中的优势，本书提出了一个称为"智趣体验式工作设计"的全新概念。"智趣体验式工作设计"是一种创新的工作设计，旨在通过先进信息技术为用户提供一种智能的且引人入胜的工作体验，从而提升员工的积极工作情绪和工作绩效表现。"智"被理解为智能的，是指利用智能移动互联网技术获取制造生产过程中的可感知数据与指标，将其与数控机床操作人员以及制造设备进行有机联结，并提供相应的可交互功能。它可以更有效、更智能地观察以及控制制造业生产过程，也对应了当代制造生产绩效管理趋势中通过先进技术改善管理成效的部分，满足了制造过程的信息化和智能化管理的需求。"趣"被理解为有趣的、愉悦的，旨在通过更加引人入胜和愉悦的工作体验来提高操作员工在工作环境中的工作动机和工作兴趣，并进一步提高他们的工作绩效表现。它是站在用户体验设计的角度提出的一种创新的工作设计方法，对应了当代制造生产绩效管理趋势中社会可持续性发展部分。智趣体验式工作设计能够通过智能信息技术对员工的工作绩效指标进行获取、记录和评估，使工作反馈以更及时、更直观、更吸引人的方式被传递给员工。通过移动互联网技术，员工可以不受时间和空间的限制，无论是在工作还是非工作时间，都可以感受到这种智能而有趣的工作体验。因此，智趣体验式工作设计具有灵活性、激励性以及高效性的特点，它不需要改变原本的工作内容与性质，而是为员工创造更加积极的工作体验，从而提高他们的最终工作效率。

第二节　心之所想　行之所至

基于自决理论的设计原理

自决理论是一项解释人类与生俱来的心理需求是如何影响人类动机和人格的宏观理论，其整体理论模型如图 2-2 所示。瑞恩（Ryan）和德西（Deci）提出了这一理论，旨在诠释人类在没有外部影响和干扰的情况下是如何产生做出选择动机的。自决理论的主要关注点在于个人行为的自我激励和自我决定的程度。大多数游戏化研究中都会使用该理论作为理论基础的原因在于，它定义、分析和比较了"内在"和"外在"动机这两个心理学术语，而动机便是游戏化设计的主要心理学基础。内在动机被定义为由于个人兴趣和满意程度为体验某种价值而采取行动的意愿；外在动机则被定义为了获得外部目标而开展的活动和行为。

内在动机对工作游戏化具有重要意义，因为它可以鼓励员工为自身着想，而不必为了强行完成被分配的任务去工作。内在的工作动机越强，工作效率就会越高。根据自决理论所述，若想创造内在动机，需满足三个关键的心理需求，即能力感、关联感以及自主感。能力感是人类心理需求的基础，它能够建立主体对自我的认可。人类处于婴儿时期便会产生此类感觉，它主要由个体对自我能力的感知以及个体与他人区别的感知这两部分组成。在工作环境中，当个体感知到自己具有完成某项任务的能力，特别是通过积极的反馈增强感知时，便会对所给予的目标任务产生更高的内在动机。第二个关键心理需求是关联感，关联感是人类具有想与他人保持联系并从他人那里得到关怀的一种普遍欲望，它可以使拥有相同兴趣或目标的社群或团体产生一种归属感。通常，在具有相同目标和抱负的团队中，合作会有助于促进内在动机的生成。为了满足关联性的心理需求，个体必须意识到归属感并与他们的群体建立联系。第三个关键心理需求是自主感，自主感是一种对决策自由和任务意义的感知。如若个人可以对自己所期望完成的任务进行自由选择，便可以极大程度地提高自主感的满足度。另外，完成对个人有意义的任务可以创造个人的成就感，这也有助于满足自主感，从而提升内在动机。

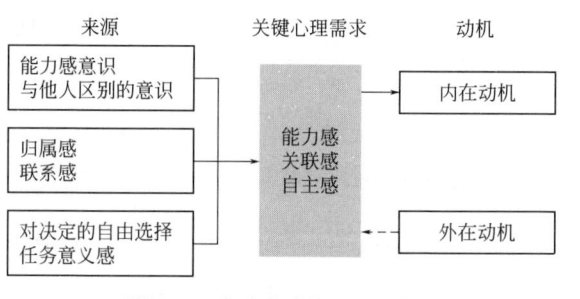

图2-2　自决理论的心理学模型

外在动机是工作游戏化的必然要素，因为员工不一定能够完全根据个人兴趣选择工作。当面对工作兴趣低下的员工时，仍然可以通过外部奖励或惩罚的方法来鼓励和刺激他们完成任务。有时外在动机可以转化为内在动机，这个过程被称为动机内化。具体而言，当外在动机所促成的认知或行为可以满足生成内在动机的三个关键心理需求时，这种动机内化过程便会展开。作为自决理论的子理论，有机整合理论（Organismic Integration Theory，OIT）提出，对能力感的感知更有可能将一个被要求的活动转变为自愿想要完成的任务。例如，某员工原本只是按照要求完成自身并没有兴趣的工作任务，但随着任务的完成，他或她体会到了成就感，也对完成该项任务的胜任感和能力感得到了感知，这项任务便会转变成个体自愿想要完成的任务。另一种可以将外在动机内化的情况是，当个体在团队体验感到关怀和安全感时，就会倾向于将外部管理内化为内在动机。例如，某位员工因为工作调动来到了自己并不期待的工作环境中，但由于同事以及团队给予的温暖或关心，使其感受到了与他人的关联感，从而促进其生成想要在这个环境中工作的主动意愿。最后，自主感也是一种能够动机内化的促成因素。例如，当员工可以感知到自己具有自主选择权或者存在的意义时，外在规则也会被内化为想要继续完成任务的内在动机。

在数控机床的现有操作过程中，几乎无法满足操作工人这三种关键心理需求。关于能力感，由于数控机床操作的工作内容单一，衡量标准较为扁平化，操作工人对个人的能力感认知主要体现在能够获得多少薪资回报方面，而此类反馈信息只有在一天工作结束时或当月收到薪资结算通知时才能获得，这也使他们难以及时地感知个人能力变化以及自己与其他同事之间的能力区别。从长期的角度来看，当个体无法体会到个人的能力感以及独特性时，便会很难促进内在工作动机的产生。同样，在关联感方面，由于数控机床操作的机械特性以及工作环境，操作工人通常缺乏与同事和团队的沟通和关联，从而导致无法获得归属感和联系感，也会因此阻碍关联感心理需求的满足。关于自主感，在由严格操作流程决定的数控机床操作过程中，操作工人具有的自主权微乎其微。先前的调查显示，大多数数控机床操作工人仅将他们的工作视为一种谋生手段，而不是能够实现自我价值的事业，因此他们对个人工作任务的意义认可程度也相对较低。不言而喻，他们的自主感心理需求也就很难得到满足。通过对自决理论的分析可知，数控机床操作工人的确在内在工作动机生成方面存在着较大的问题。

基于目标设定理论的设计原理

目标设定理论被纳入构建智趣体验式工作设计理论的原因是二者有共同的研究对象，即目标。设定目标可被视为一种非常强大的动机干预方法。洛克（Locke）提出了这一理论，并且认为目标可以激励人们为了生存而努力奋斗，特别是当某个目标的完成意味着执行者开始具有某项卓越能力时，人们便会倾向于竭尽全力根据该目标的要求来衡量和调整自己的表现。在目标与绩效表现的关系中，这种心理过程会受到"目标承诺"这一调节因素的影响。目标承诺越高的个体，越愿意挑战自我，以实现更困难的目标。在工作场所中，具有更高目标承诺的员工会把具有挑战性的目标视为激励因素，以致他们的业绩表现有时会远远超出预期效果。

有助于促进目标承诺形成的因素有三个，包括设定目标的重要性、自我效能感以及对他人的承诺。设定目标的重要性主要表现为一个目标的设定对个体具有意义的程度。自我效能感是指个体达到既定目标的一种能力感知。对他人的承诺是指个体在团队中能够感知到参与或承诺的强烈程度。这三个指标与目标承诺的形成呈正相关关系，且与前面自决理论中提到的三个心理需求相对应。自我效能感类似于自决理论中的能力感，两者都具有完成某些任务的能力认知。对他人的承诺与自决理论中的关联感一样，都需要通过集体归属感进行刺激。设定目标的重要性与自决理论中的自主感都要求个体将被分配到的任务视为具有价值和意义的目标。

另外，为了更好地激发目标承诺的生成，在设定目标时关于目标属性和目标焦点的思考也起着至关重要的作用。目标属性通常被分为两个维度，即目标的难易度以及明确度。目标的难易度是指实现目标所需的可被感知的努力程度。类似地，目标的明确度是指对于目标设定者来说目标内容的明确程度。目标焦点是指个体希望获得何种目的抑或打算如何避免损失。它通常包括两类焦点，即以结果为焦点和以过程为焦点。其中以结果为焦点的目标主要是指个体更在意给定活动所产生的结果，而不是目标完成的过程；以过程为中心的目标则是指个体更聚焦于活动完成的过程体验，而不是最终是否实现既定目标。

有研究表明，虽然有时不同个体之间的目标焦点偏好大相径庭，但在工作设计的实际过程中，并不一定需要考虑每个人的喜好，而应当主要关注任务本身的属性。对于诸如数控机床操作类的劳动密集型工作，由于操作工人需要长期进行相对一致的加工工序和操作，他们对于任务目标的难易程度已十分了解和熟悉，加之组织对他们的期待行为目标就是完成订单内容而非工作过程体验，因此通常情况下企业管理者会为操作工人设置明确度高的目标以及以结果为焦点的目标，从而可以更好地促进其生成更强的目标承诺。然而，与这种传统的工作设计相比，智趣体验式工作设计的一项优势是可将以过程为焦点的目标纳入设计范畴内，在保证完成目标结果的前提下，更加注重员工在工作过程中能够生成的正面情绪，从而有效提高员工的工作效率。这虽然已是现代工作设计中的基本趋势，但在制造业这类传统行业中经常会被忽略。

综合上述分析，对数控机床操作进行智趣体验式工作设计时，所需涉及目标设定理论与自决理论的相应部分及其二者之间的关系梳理如图 2-3 所示。在设定一个良好的目标初期，应当将其尽可能具体与明确化，一方面应突出结果焦点，为实现目标提供明确的期望和指导；另一方面应考虑目标实现的过程，改善操作工人的工作体验，从而对其工作结果进行正向影响。在充分了解目标之后，直接参与用户，也就是数控机床操作工人，将会根据个人情况对自我效能感、与他人的承诺感以及目标的重要性进行评估。当这三个指标达到较高的认知水平时，个体便会生成足够的目标承诺感，也就更有可能成功完成目标。与此同时，这三个指标的高认知度也意味着

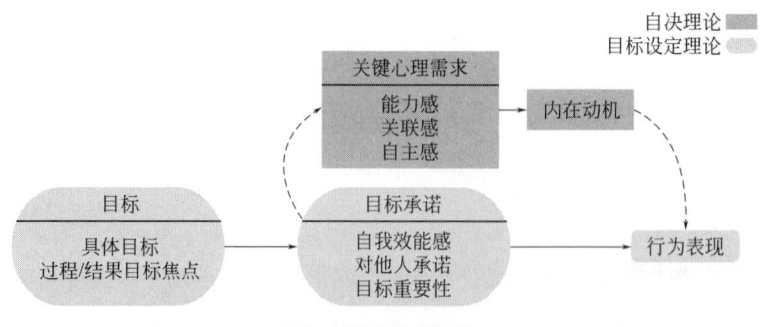

图2-3　自决理论与目标设定理论关联部分的梳理

对应自决理论中的三个关键心理需求能够得到满足，当个体的能力感、关联感以及自主感得到充分满足之后，内在动机便会逐步生成，从而产生相应的预期行为表现。

基于游戏化理论的设计原理

游戏化设计是一项能够用于人类在进化过程中每每遇到有不愿完成却又必须完成任务时的创新解决方案。正如前面内容所描述的，游戏化对工作设计具有很强的辅助作用，因为它通常可以将原本枯燥乏味、重复性高、艰难困苦等工作任务变成充满乐趣、具有游戏感的工作过程。为此，选择适合特定工作的游戏元素和游戏机制是工作游戏化设计的基础。在已有的游戏化相关研究中，游戏元素和游戏机制的定义会根据不同领域学者的观点而有所不同。一些学者提出了15个重要的游戏元素，例如分数、徽章、排行榜、团队等，而另一些学者则将故事剧情、反馈以及竞争也称为游戏元素，这使得在不同的研究中，游戏元素和游戏机制会出现重叠的问题。韦巴赫（Werbach）和亨特（Hunter）提出了一种游戏元素层次结构，其中游戏元素是游戏机制的一种具体形式的体现，而游戏机制则是推动整个游戏前进并激励用户热情参与的基本过程。本书的目的并不在于提出一个明确且全面的游戏元素与游戏机制清单，而是通过选择与工作游戏化最为相关的游戏元素与游戏机制，分析它们会对员工产生何等影响。因此，本书以工作绩效反馈的即时可见性以及激发员工工作积极性为标准，对适合的游戏元素和游戏机制进行筛选，所选择的游戏元素与游戏机制可能并不详尽，但它们均为现有游戏化研究中讨论与分析最为广泛的研究对象。

（1）智趣体验式工作设计中所需的典型游戏元素

这里所选择并讨论的五个典型的游戏元素主要包括得分数、徽章、成就、排行榜以及队友。

① 分数

在几乎所有有关游戏化应用的研究中，分数或称之为积分，都是最常被使用的游戏元素。它是衡量玩家进步程度以及成功完成某些活动后如何获得奖励的基本要素。它可以以任务分数、经验分数和荣誉分数等形式给予用户或玩家以度量感，为他们提供即时反馈和奖励，从而帮助他们感知在游戏中的行为。在工作游戏化设计中，分数可被视为一种评估工作任务成功完成与否的基础。

② 徽章

徽章是指在完成了特定游戏任务后所获得的奖励，通常会在游戏过程中掉落，并且吸引用户或者玩家对其进行收集。徽章在游戏化设计中主要具有三个功能，即为玩家设定目标、发起挑战、提供反馈。一旦玩家意识并了解到获得某些徽章的游戏规则，他们便更有可能以获得徽章为目标而积极参与到某些特定活动中。徽章可以通过完成某项特定事件或一定数量的任务积累而获得，设计师通常会将其获取方式设计为不同的难度等级，从而不断触发玩家的挑战心理。徽章会通过特定的图形或文字进行可视化表现，并通过具有美感的视觉传达设计为用户或者玩家明确他或她在游戏中的优点或目标。在工作游戏化设计中，徽章的这种个人能力可视化反馈也更容易展示出用户或者玩家在工作中的表现。因此，在工作游戏化设计中，这种能够成为目标、挑战以及反馈的直观表现形式的徽章，一定是必不可少的游戏元素之一。

③ 成就

成就是一种当用户或玩家成功完成特定目标或任务时所能够解锁的一种奖励。它被视为徽章的升级版，因为它不但可以被设计为一块可视化的徽章，也可以被设计为一个奖杯、一项荣誉或是一个头衔，其目的也是为玩家设定目标并引导他们进一步完成游戏。有了成就，玩家便不止是想简

40 游戏化改变制造业——工厂的智趣玩法

单地完成游戏，而是想有更多机会获得满足感，因为他们可以被某些隐藏成就抑或无穷无尽的挑战所驱动。成就可以通过玩家个人完成的独立任务以及需要多人组队才能完成的集体任务来获得。通过显示已获得的所有成就，玩家可以轻松地告知自己以及其他玩家他们在游戏中的表现，这也被视为一种即时反馈的形式。同样，在工作游戏化设计中，成就总是与徽章相关联的，因为它们既可以为工作带来目标设定、发起挑战，又能够给员工带来快速有效的能力反馈。因此，成就也是工作游戏化设计中需要被涵盖的一种游戏元素。这里提到的挑战与反馈，是两个经典的游戏机制，具体概念与表现形式会在下一节游戏机制章节进行详细阐述。通过上述分析不难看出，分数、徽章、成就这三个游戏元素，与挑战、反馈这两个游戏机制以及前面提到的目标设定理论存在较强的关联关系，具体如图2-4所示。基于对某项任务的目标设定，工作游戏化设计会将其转化为获取某个徽章或者成就的任务，这个过程需要通过获取分数进行兑换或者触发。由于可能存在徽章和成就的设定，员工会为了获取相应徽章和成就而不断发起挑战；同时，所获得的分数、徽章以及成就都是对工作能力的一种反馈。

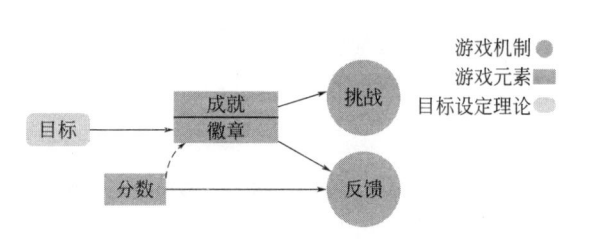

图2-4 三项游戏元素、两项游戏机制以及目标设定理论关联图

④ 排行榜

排行榜是根据玩家在多人游戏中的表现而进行的一种排名，它能够以反馈的形式明确某项活动中的最佳参与者。由于排行榜是一项通过衡量玩家与他人之间差异的能力指标，因此这种游戏元素必然会跟一种叫作竞赛的游戏机制联系在一起。然而，当排行榜同时展现最佳和最差玩家时，就可能会成为一种危险的游戏元素。对于排名靠前的玩家，排行榜会产生一种社交性压力，促使他们更加投入和深入地参与游戏，因为大多数玩家看到排行榜结果时，都希望通过挑战自我而获得更高的排名。但是，对于排名在末尾的玩家来说，不断暴露于不满意的游戏结果中可能会刺激他们被动和沮丧情绪的生成，这对于保持员工心理健康并不是一个好的选择。因此，在进行工作游戏化设计时，仅列出优秀员工的排名可能会对员工产生更积极的影响，表现水平大致相同的竞争对手也会是健康竞赛的一个组成部分。基于上述分析可以看出，登上排行榜前位可以成为员工的某种目标设定，排行榜的高低量化指标通常是由员工所获分数决定的，而排行榜的存在也为竞赛这种游戏机制提供了结果，为员工提供了更多挑战自我的机会，也为其提供了关于个人表现的反馈。综上所述目标设定理论、四项游戏元素以及三项游戏机制之间的具体关系如图 2-5 所示。

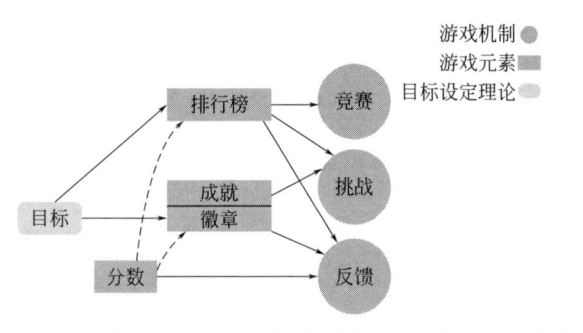

图 2-5　四项游戏元素、三项游戏机制以及目标设定理论关联图

⑤队友

队友是指玩家以及和玩家在同一团队中的其他玩家，它可以是真实玩家，也可以是被称为非玩家角色（NPC）的虚拟玩家。队友的存在一定会导致竞争与合作，不仅能够鼓励玩家挑战自我，同时还会促进个体与他人的社交关系。队友是工作游戏化的必然游戏元素，当代企业的员工很少会在

没有任何竞争或合作的情况下完成被分配的任务。综上所述，目标设定理论、五种游戏元素以及三种游戏机制的关系如图 2-6 所示。分数通常可以衡量团队合作的成果，组队完成任务的目的大多都与竞争和挑战相关。

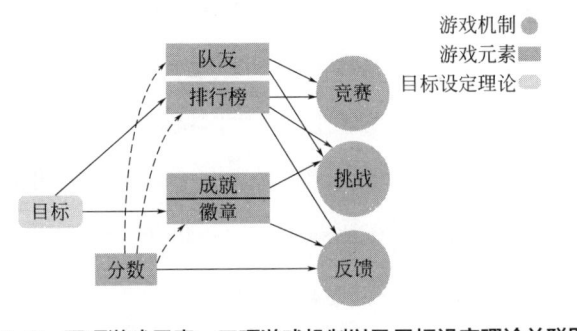

图 2-6　五项游戏元素、三项游戏机制以及目标设定理论关联图

（2）智趣体验式工作设计中的典型游戏机制

通过上述五个游戏元素的阐述，三种典型的游戏机制已经被间接提及，这些所选游戏元素与游戏机制之间的关系如图 2-7 所示。

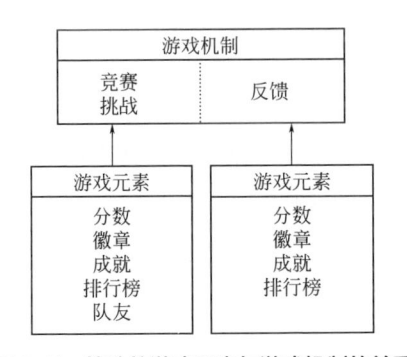

图 2-7　筛选的游戏元素与游戏机制的关系

① 竞赛

竞赛是一种必不可少的游戏机制，它可以极大地提升用户参与度，给同伴带来积极的压力，并促进每个人都愿意努力超越他人情况的产生。作为游戏的一个重要特征，竞赛可以通过为玩家带来对最终结果的悬念以及对其他竞争对手的挑战感和好奇心，从而将玩家在不知不觉之中带入"心流"体验。在日常工作环境中，无论是雇主还是雇员都需要面临无处不在的或可见或隐性的竞争，因为这是鼓励人类不断工作的一种有效方法。但是，游戏化设计师需要牢记于心的一点是，只有健康的竞争或者竞赛才会对企业管理起到积极作用。前面所讨论的五个元素（包括分数、徽章、成就、排行榜和队友），都是可以直接或者间接推动竞赛前进的游戏元素。

竞赛对于智趣体验式工作设计也至关重要，这是因为它是一种能够增强能力感意识的游戏机制。在比赛中，数控机床操作工人可以通过获取分数、徽章、成就、排行榜排名以及队友的表现来实时了解个人及其在团队中的工作表现。与传统的工作环境相比，这为能力感的心理需求提供了更多获取渠道与资源，使得操作工人对工作的能力感更容易得到满足，从而提高他们的内在工作动机。同时，竞赛也可以促进操作工人外在工作动机的生成，因为获得额外薪资奖励和避免条例性惩罚这类外在动机，也会导致操作工人在竞赛中改变相应的工作行为。

此外，竞赛还可以增强员工生成能力感的认知。与上述原理类似，在竞赛中，由五个游戏元素所产生的反馈能够使数控机床操作工人感知到与他人的合作感和归属感，从而倾向于满足其关联感的心理需求，这是在传统的工作环境中很少能实现和体验到的。

② 挑战

挑战机制通常会伴随着竞赛机制而存在，它能够鼓励参与者达到更高的水平或在活动中取得更高的分数。挑战是游戏化的关键机制，由于具有能够长期为玩家设定更高目标而促使玩家不断突破个人极限的能力，它几乎出现在每个游戏化应用设计中。有一些挑战是为单个玩家设计的，也有一些挑战则需要多人共同参与来完成。与竞赛类似，前面所描述的五个游戏元素都可以直接或者间接地促进挑战任务的进行或完成。在企业中，管理者们总会给员工分配各式各样的挑战任务，因为更高的经营业绩永远是雇主们所期望的。

在智趣体验式工作设计中，挑战机制除了可以提升操作工人的能力感与关联感外，还能够在一定程度上促进他们生成自主感认知。因为在一个任务的挑战过程中，操作工人会因为对挑战结果的未知性而产生强烈的好奇心与自我效能感。通过前面所述的五个游戏元素所提供的反馈，操作工人可以更明确地了解任务的意义，从而间接为自主感的生成提供情绪来源。当然，挑战也是能够产生外在动机的有效游戏机制，因为一旦一个挑战得以顺利完成，其带来的奖励性动机激励对于操作人员来说也是极具吸引力的。在传统的数控机床操作环境中，由于重复和烦琐的工作，操作员常常缺乏工作热情和动力。因此，挑战可以有效地提升其积极的工作情绪以及工作绩效表现。

③ 反馈

游戏化的另一优点是实时反馈，它能够通过一种类似于游戏的环境，为玩家提供远超越于现实生活中可获得的满足感。作为一种游戏机制，反馈可以显示参与者在游戏中的状态，从而轻松地促进玩家产生所谓的"审美体验"，即一种强烈的意义感，也可以帮助玩家更深入地了解正在经历的任务的本质。在工作场所中，分数、徽章、成就、排行榜作为游戏元素，都可以为员工获取个人工作能力以及竞争力奖励信息提供实时反馈。它们可以通过即时的视觉信号使参与者随时保持专注，并在战术上沉浸于所需要进行的游戏之中。

反馈是智趣体验式工作设计的一项极其重要且必不可少的游戏机制，因为它能够很好地满足自决理论中提到的三种关键心理需求。在数控机床操作过程中，操作工人可以获得的反馈仅限于数控系统在制造过程中提供的加工信息，例如加工时长、坐标位置、刀具情况、故障情况等。但是关于个人的表现，特别是在集体中的能力差异反馈则很难被体现出来。为了解决这个问题，智趣体验式工作设计可以通过实时反馈提升数控机床操作工人在工作过程中对三种关键心理需求的满足程度。具体而言，与现有需要等待的反馈相比，更多的实时反馈可以使操作工人无须等待月底的结算信息，便可以了解自身日常工作的结果反馈，以更直观的方式促进个人能力感的生成。此外，在团体中的正面表现反馈也能够令操作工人更好地了解自己以及他人在工作绩效方面的差异，它不仅能够帮助员工建立更强的能力意识，还能增强员工之间的关联感。此外，实时反馈更可以为操作工人提供可感知的个人价值与意义，这也有助于员工自主感的产生。结合前面的分析，以上所提到的三项游戏机制与自决理论中所提到的三个关键心理需求的对应关系如图 2-8 所示。

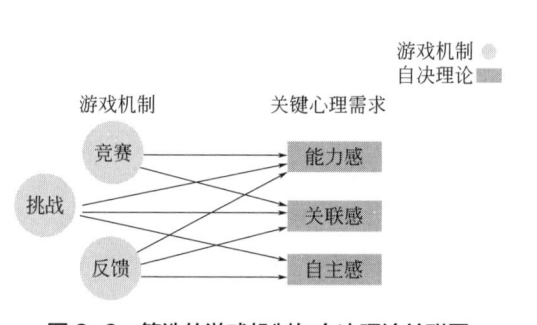

图 2-8　筛选的游戏机制与自决理论关联图

基于认同感的设计原理

认同感这一概念最早是由布洛维（Burawoy）在面向游戏与雇佣关系的研究中所提出的，它对能否完成有效的游戏化工作设计起着至关重要的作用。他认为，管理者在工作场所提供的游戏或者游戏体验可能通过强加的方式传递给雇员的，而不是让他们按照自由意志进行游戏。这种自愿性的牺牲将会导致所谓"强制性乐趣"效应的产生，一旦这种情绪产生则很难对员工的积极工作情绪以及工作效率进行正面影响。认同感被定义为员工在执行他们的能力并积极配合管理目标时所做出的决策。换言之，认同感就是员工对组织所分配的任务或者提出的规定进行自愿性配合的程度。认同感的来源包括两个方面，即游戏化的合理性以及参与游戏化的自主选择与控制权。游戏化的合理性意味着员工需要将在工作场所参与的游戏或者游戏体验视为一种合理的行为，并且希望参与其中。游戏化的自主选择与控制权意味着员工可以自主决定是否参加或者退出游戏。这两个方面恰好与自决理论中关于自主感来源的两个方面相互对应，其关系如图2-9所示。认同感这一概念所提倡的是员工应当且必须具有能够自我选择是否想要参与到游戏化的过程中来的意识，由于游戏本身的一个重要属性就是自愿性，只有自愿参与的游戏才具有解决前文所述问题的能力，因此员工的认同感程度将极大程度地影响工作游戏化设计的有效性以及最终是否能够达到预期的绩效管理目标。在无法为员工提供自主选择和控制权时，工作游戏化则可能会大大丧失其提高员工敬业度和生产效率的能力。

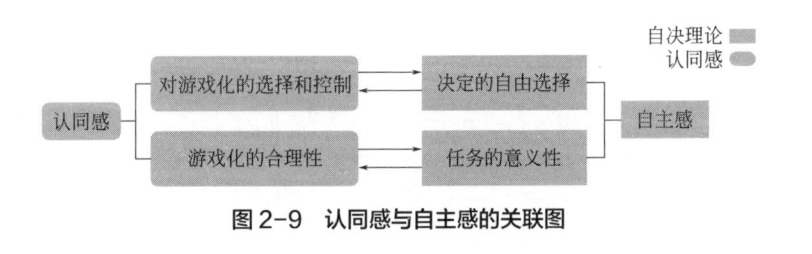

图2-9 认同感与自主感的关联图

基于工作特征模型的设计原理

哈克曼和奥尔德姆提出工作特征模型是在众多工作设计研究中被广为使用的理论模型，他们认为大多数工作都可以被分为五个维度，即技能多样性、任务完整性、任务重要性、任务自主性和任务反馈，具体模型如图2-10所示。技能多样性是指员工在完成工作时需要进行各种不同活动的多样程度。任务完整性是指工作要求完成完整任务单元的程度，即是否需要员工从头到尾将一个任务全部完成。任务重要性是指工作对自己以及组织内外人员的生活或工作产生重大影响的程度。任务自主性是指在安排工作时为员工提供实质性自由、独立性以及酌处权的程度。任务反馈性是指可以将工作结果直接明确地反馈给员工的程度。一旦员工完成某项工作时在这五个维度上都具有较高的认知程度，便会产生三种重要的心理状态，其中前三个维度的认知会使员工体会到工作的意义，任务自主性会令员工产生对工作成果的责任感，而任务反馈性则会让员工了解到实际的工作成果。当这三种心理状态得到充分满足时，便会影响其个人工作成果，包括高度的内在工作动机、高质量的工作绩效表现、高度的工作满意度以及低缺勤率和离职率。同时，员工也存在着一定的个体差异，自我成长需求将对他们是否会产生各种心理感受并为之付出行动产生影响，自我成长需求高的员工往往倾向于更积极地通过工作获取相关体验，自我成长需求低的员工则反之。

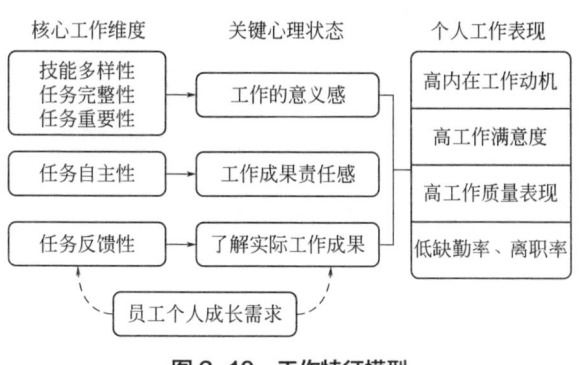

图2-10　工作特征模型

　　在面向数控机床操作的智趣体验式工作设计时，如果能够将该项工作的五个维度进行精心设计，数控机床操作工人的三项心理状态便会被激发。而这三种关键的心理状态与自决理论中的三种关键心理需求又存在着极大的相似性与关联性，具体关系如图2-11所示。工作特征模型中能够体验到的工作意义与自决理论中的能力感心理需求非常相似，它们都能够使操作员工感觉到个人在工作中获得的竞争力与自我价值。工作特征模型中体会到对工作成果的责任感是自决理论中自主感需求的一种体现,这两者都使操作工人在工作过程中为自己和集体的利益负责。工作特征模型中了解工作活动的实际结果与自决理论中的能力感与关联感需求有关,因为当员工能够及时得到工作中的反馈时,他们便能感知到个人的特殊价值以及与他人在工作时的能力差异。

由于工作特征模型与自决理论在心理状态方面存在着极大的相似性,本研究便可以提出一种假设,即工作特征模型中所提到的个人和工作成果应当也可以作为智趣体验式工作设计模型的行为结果。换句话说,良好的智趣体验式工作设计应该能够刺激数控机床操作工人提升他们的内在工作动机、工作满意度、工作绩效表现,同时降低他们的缺勤率以及离职率。由于员工的离职率通常需要一定的时间进行评估,因此暂不放入本研究所提出的模型中进行讨论。

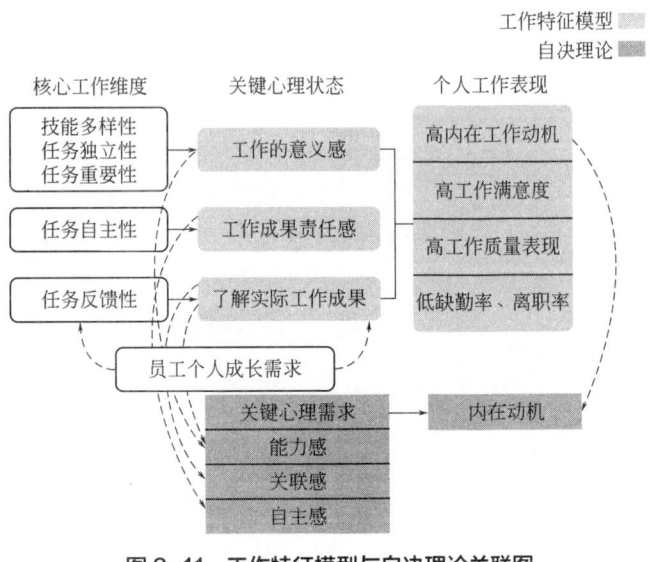

图2-11 工作特征模型与自决理论关联图

第三节　智趣化的法则

智趣体验式工作设计模型

根据前面讨论并分析的多领域理论及其相互推导的关系，本节提出了面向数控机床操作的智趣体验式工作设计模型，如图2-12所示。该模型由七个部分组成，即目标设定、游戏元素、游戏机制、认同感、关键心理需要、动机以及工作情绪和结果。

在目标设定阶段，设计师应当结合管理者的生产需求，为操作工人提供明确的目标，以便他们能够理解所被期望的工作成果。同时，这些目标应集中在工作成果和工作流程上，因为以结果为中心的目标能够增强目标的明确性，而以过程为中心的目标则可以增加工作的投入感和乐趣感。

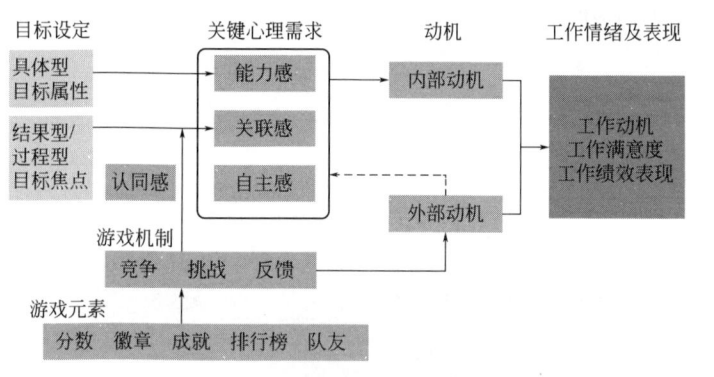

图2-12　智趣体验式工作设计模型

在游戏元素和游戏机制两个部分中，选取分数、徽章、成就、排行榜、队友、竞赛、挑战以及反馈这五项游戏元素和三项游戏机制作为基本智趣体验式工作设计的游戏化模块，从而辅助完成已经设定的工作目标。相较于其他与工作设计相关的理论模型，这两个部分是本研究的特色与创新点，它们不仅可以满足自决理论中的三个关键的心理需求，同时也可以成为激发员工外在动力的源泉。

在关键心理需求满足和动机这两个部分，能力感、关联感以及自主感是本模型有关心理学的核心部分，是能够促进产生特定任务或活动的内在动机的前提条件。当这三个关键心理需求得到满足时，员工的内在动力便更容易得到催生。然而，对于智趣体验式工作设计来说，若想无时无刻地促进员工的内在动力生成，常常显得过于奢侈和不可行，因为雇主永远无法奢望每个员工都能在工作中产生自发性的兴趣。因此，外在动机是激励员工时不可或缺的因素。不过，当员工在工作过程中，由于外在动机刺激而刚好能够满足三个关键心理需求，即能力感、关联感与自主感时，这些外在动机便会内化，转变成内在动机。

需要强调的一点是，智趣体验式工作设计需要得到员工的认同感，因此应当在员工认为合理且具有自主选择以及控制权下实施这种游戏化的管理方式。若员工并不具有自主权来决定是否参与这种管理措施，则所设计的智趣体验式工作设计将难以避免"强制性乐趣"给员工及企业带来的负面影响。

最后，工作情绪及表现是智趣体验式工作设计模型中的终极目标。无论源自内在动机还是外在动机，雇主对员工的期待行为都能够提高他们的工作动机、工作满意度以及工作绩效表现，这也是评估此智趣体验式工作设计模型实际效果的三个指标。

智趣体验式工作设计模型的特点

与已有研究中所提出的工作设计模型相比，本书所提出的智趣体验式工作设计模型在工作设计原理方面具有更丰富、更详尽的心理学理论推导，为工作游戏化设计过程中游戏化部分如何参与到员工心理状态及行为结果提供了更为清晰的指导。智趣体验式工作设计模型不仅迎合了制造业对通过人机共生的方式提升绩效管理的趋势，同时还尝试为制造企业创建一个可以满足员工心理需求，唤起员工的内在和外在工作动机，充分体现人本主义的工作环境。

此外，智趣体验式工作设计模型是一个包含了特定的游戏元素与游戏机制，并且与特定心理及行为对应的过程模型，充分展现了游戏可供性、用户或玩家的心理状态及其行为结果之间的关系。该模型系统地讨论了五个典型游戏元素和三个典型游戏机制对员工心理和行为结果的影响，为工作游戏化设计过程中如何有效选择游戏元素和游戏机制提供了理论指导，也填补了游戏化研究在此方面的空白。

智趣体验式工作设计模型强调了员工对在工作中进行游戏化设计的认同感或者自主性问题，这一点是其他大多数游戏化或工作设计模型中未提到的。该模型从理论的角度为设计人员设定了所需注意的门槛，即为员工提供是否参加游戏体验的选择权是智趣体验式工作设计的一个重要前提，它将极大程度地影响整个设计的有效性与可用性。

最后，即使提出本智趣体验式工作设计模型的初衷是改善制造业中数控机床操作的工作体验，但本模型也可以应用于具有重复而烦琐枯燥工作性质的工作再设计中，未来可以尝试在 IT 或者服务行业进行更多的应用与评价研究。

本章具体解释以及分析了自决理论和目标设定理论对智趣体验式工作设计的重要性，它们可以通过强调对关键心理需求的满足来对工作动机进行强烈的影响。随后，为了能够在工作过程中为员工提供引人入胜和趣味感较强的工作体验，筛选并分析了用于智趣体验式工作设计的五个典型游戏元素和三个游戏机制。基于游戏化理论，讨论了这些游戏元素和游戏机制对心理需求满足的影响。此外，为使智趣体验式工作设计更具有效性，本章还将员工对工作游戏化的认同感概念纳入了模型构建中，强调了员工对智趣体验式工作设计的自主选择与控制权是能否实施这种管理手段的重要前提。基于上述理论的阐述与关系讨论，搭建了智趣体验式工作设计模型。该模型包含特定的游戏可供性及它们能够对参与者产生的相应的心理及行为结果，这对指导有效且具有投入感的工作设计具有较大意义。

第 三 章

智趣化的设计方法

本章基于前面所提出的智趣体验式工作设计模型，构建了面向数控机床操作的智趣体验式工作设计框架，作为可以连接实际数控机床操作与智趣体验式工作设计模型的桥梁。同时，还讨论了该框架与智趣体验式工作设计模型之间的关系。该框架总共包含三个阶段，即准备阶段、智趣体验式工作设计阶段以及评价阶段。随后，基于该智趣体验式工作设计框架分析了典型数控机床操作与之的对应关系，并生成了相应的智趣体验式工作设计策略，用于后续通过信息技术与数控系统二次开发软件在实际工作环境中使用的应用实现。与其他相关研究相比，该智趣体验式工作设计框架具有三个优势：在概念创新方面，它是首个将游戏应用于数控机床操作的创新尝试；同时，它迎合了制造业与信息技术业进行深度两化融合的行业发展趋势；在应用领域方面，它也因具有可以在其他行业工作设计方面应用的潜质而更具有广泛的通用性。

第一节　该设计师登场了

智趣体验式工作设计框架与模型的关系

在实际工作环境中，若想更好地将智趣体验式工作设计模型与实际工作相对应，根据组织需要对目标工作进行分析和细分是十分必要的一项步骤。因此，基于前面所提出的智趣体验式工作设计模型，急需提出一个用于具体实际工作的智趣体验式工作设计框架。进一步而言，智趣体验式工作设计模型主要用于理解员工的心理及行为结果，而智趣体验式工作设计框架则适用于为设计师提供设计方面的理论指导。该框架与智趣体验式工作设计模型之间的关系如图3-1所示。首先，框架中的准备阶段对应的是模型中的目标设定这一部分，对于数控机床操作工人来说，他们需要了解并且明确被分配到的任务目标，以便于按照预期目标完成工作；对于智趣体验式工作设计师来说，他们需要将操作工人面临的工作通过模型分解为各种典型工作并为之设立典型任务目标。随后，进入智趣体验式工作设计阶段，框架中这个阶段对应的是模型中的游戏元素、游戏机制、认同感、关键心理需求以及动机这四个部分，因为这几个部分是将理论中的游戏化设计应用于实际的数控机床操作工作中的实践过程，这个实践过程的成果便是提出面向数控机床操作的智趣体验式工作设计策略。在设计策略生成后，便进入评价阶段，框架中的这个部分对应的是模型中的工作情绪及表现部分，通过对员工的心理和行为结果的评价，对智趣体验式工作设计模型以及设计策略进行评价与迭代修正。

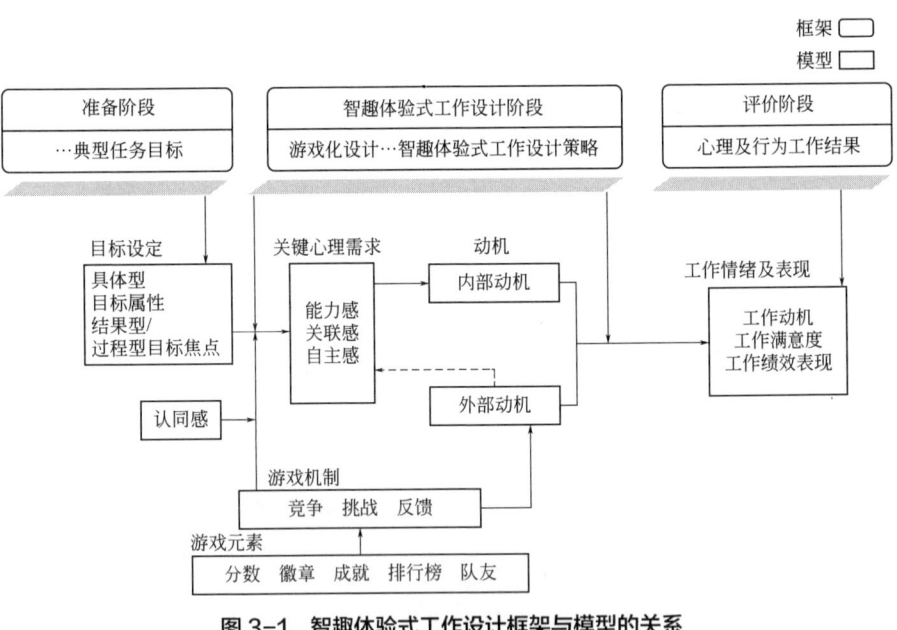

图 3-1　智趣体验式工作设计框架与模型的关系

第二节　智趣化设计框架

本节提出了一个基于智趣体验式工作设计模型和工作特征模型的智趣体验式工作设计框架。选择工作特征模型作为框架一部分的原因主要包括两方面：首先，工作特征模型是一个相对微观视角的工作设计模型，它具有能够将工作细分为不同维度的特征。相比于其他工作设计模型，因其在各种类型的工作和行业中享有更强的通用性而显得更具优势。其次，工作特征模型与本研究中所筛选出的部分游戏元素与游戏机制以及相关的心理学理论都具有共同点，例如目标定向、反馈机制、自主感心理需求等，这使得工作特征模型相较于其他模型能够更好地辅助智趣体验式工作设计。

智趣体验式工作设计框架包括三个阶段，即准备阶段、智趣阶段以及评价阶段，如图 3-2 所示。

准备阶段

在准备阶段，被选择进行智趣体验式工作设计的工作或者任务应当由管理层提出并确认。随后，将需要被设计的目标工作按照工作特征模型中所提出的技能多样性、任务完整性、任务重要性、任务自主性以及任务反馈性这五个核心任务维度进行细分与归纳。当对目标任务进行细分并在每个核心工作维度下被列出时，设计师需要根据企业需求为每组典型任务设定典型任务目标。在设定目标时需要注意的是，这些目标必须满足智趣体验式工作设计模型中对目标设置的要求，即典型任务目标应该是具体明确型的，并且是以过程和结果为焦点的。

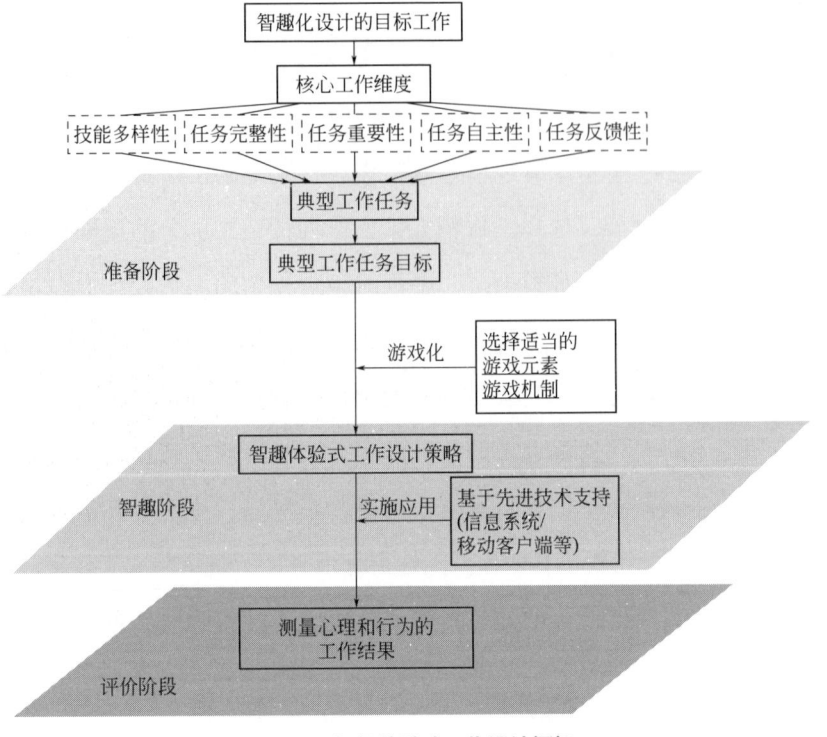

图 3-2　智趣体验式工作设计框架

智趣阶段

　　智趣阶段是本框架的核心部分，并且涉及了游戏化设计的主要过程。基于在准备阶段所设定的典型任务目标，本阶段将会选择合适的游戏元素和游戏机制来优化目标工作的相关体验。正如在智趣体验式工作设计模型中所提到的，本研究在游戏化过程中仅选择最常用的五个游戏元素和三种游戏机制。在其他语境或者应用场景下，智趣体验式工作设计并不受限于这些游戏元素和游戏机制，更多适合具体场景的游戏元素与游戏机制都可以被用于实现不同企业的组织目标。随后，在结合游戏元素与游戏机制的前提下，设计师需要针对每个核心工作维度提出一系列相应的智趣体验式

58　　游戏化改变制造业——工厂的智趣玩法

工作设计策略。这些策略便是未来将要应用于实际工作场所且需要员工进行参与的工作活动，因此也是整个智趣体验式工作设计最重要的一环。这些策略源自智趣体验式工作设计模型的理论基础，它们应当能够满足员工的三种关键心理需求，从而唤起员工在工作中的内在与外在动机。在当今的信息时代背景下，这些智趣体验式工作设计策略都将通过信息通信技术的协助，诸如信息系统、应用程序或网站等技术手段，进行交互设计与应用实现。这些基于先进信息技术的智趣体验式工作设计不仅能够帮助员工提升其正面工作情绪与工作绩效表现，还能够为企业管理层提供提高公司管理效率的信息化手段。

评价阶段

评价阶段是本框架的最后一个阶段，主要对参与者的心理及行为结果进行评价，并为智趣体验式工作设计迭代提供修改意见。作为一种基于情感设计的工作设计，智趣体验式工作设计的评价方法需要包含对参与者的心理指标和行为结果进行测量和分析。在此研究中，员工的工作动机、工作满意度以及工作绩效表现是衡量本次智趣体验式工作设计是否有效的三个指标。

第三节 以数控机床操作为例

准备阶段

由于数控机床操作是本次智趣体验式工作设计的目标工作，因此准备阶段的第一步便是根据设计框架描绘出五个核心工作维度，将目标工作细化和归纳为典型任务。

第一个核心工作维度为技能多样性。在数控机床操作过程中，可以被归类为技能多样性便是需要数控机床操作工人完成九项典型数控机床操作工作，其中包括五项准备任务以及四项机加工任务，具体如表3-1所示。通常情况下，如需加工相同的工件，操作工人只需要执行一次准备任务，然后循环进行机加工任务，直到将所有工件加工完毕。

表 3-1 典型数控机床操作工作

准备任务
1. 程序导入与检查
2. 准备刀具（包括刀具的选择、安装、测量长度等）
3. 准备卡具（包括水平测量与对齐）
4. 校对坐标原点（水平测量与对齐）
5. 冷却液检查（介质与容量）

机加工任务
1. 上料及卡紧（卡紧工件）
2. 循环启动、停止程序
3. 下料及清理（取下工件、清理刀具及工件）
4. 故障判断与处理（刀具磨损、冷却液不足、系统故障、机械故障等）

第二个核心工作维度是任务完整性。一般情况下，为了解决工作专业化以及生产效率的问题，数控机床操作工人会被分配到特定的加工工序，

60　游戏化改变制造业——工厂的智趣玩法

而并不是针对整个工件进行从头到尾的完整加工工序。因此，对于每位操作工人来说，他们所负责的加工工序都是相对完整的，这也就意味着他们需要完成的任务具有较好的任务完整性，在进行智趣体验式工作设计时可以不必将此核心工作维度纳入设计范围。

任务重要性是第三个核心工作维度。在典型数控机床操作工作中，确实会有一些特定的任务要比其他任务更具重要性。例如，校准坐标原点就会比启动和停止程序任务略显重要，因为它需要操作工人对精度有更高的要求，也对零件能否按照要求被顺利地加工出来，从而满足产品质量方面的影响更大。然而，这些任务重要性差异并没有大到可以作为一个研究变量，因此在这项研究中，暂且假设数控机床操作的任务重要性可以保持在一个相对平均的水平。那么，本次智趣体验式工作设计将不会把任务重要性纳入考虑范围。

对于任务自主性这个核心工作维度来说，能够提升工作自主性的因素包括三个方面，即工作方法自主、工作安排自主以及工作准则自主。对于典型的数控机床操作而言，工作方法和工作标准会受到企业以及管理方面的严格监控，员工很难对其进行自主性决定。不过，工作安排自主方面对于操作工人来说是具有一定灵活性的。在进行数控机床操作的过程中，操作工人通常会涉及自动和手动两种操作。自动操作是指在按下启动程序之后，数控机床自行运转所进行的操作；手动操作则主要是指进行刀具、卡具的准备与安装、工件的上下料等需要手工操作的内容。通常加工程序一旦被设定好，自动操作的加工时间相对就会较为固定，除非遇到系统故障或者机械故障等问题才会有明显的工作进度差距。因此，操作工人进行手动操作所花费的时间会较大程度地影响工作效率，这主要体现在他们的工作进度安排、任务完成顺序以及解决故障所花费的时间方面。换言之，如何对手动操作部分的工作进度安排以及任务完成顺序进行高效的设计，便体现了操作员工的工作自主性觉悟。同时，正如智趣体验式工作设计模型中提到的，认同感这个理念也是任务自主性这个工作核心维度下的一项典型任务。具体而言，是否可以自主选择参与智趣体验式工作环境与自主决定加工进度安排及任务完成顺序，在任务自主性维度下是等同重要的。

第五个核心工作维度是任务反馈性。在此维度下，尽管数控机床操作工人能够从控制面板上观察并且获取到有关加工数据和工件质量的信息反馈，但是关于操作工人的个人及其在集体中的工作能力、竞争力以及工作回报并不能立即被感知到，这可能会导致对其工作动机的生成产生负面影响。因此，体现数控机床操作员工个人及集体工作能力的视觉反馈是本次智趣体验式工作设计的对象之一。

如上所述，将数控机床操作在五个核心工作维度进行分析与归纳后发现，其中的三个核心维度较为适合进行智趣体验式作业设计，每个维度下具体需要进行设计的任务如图3-3所示。技能多样性维度下需要进行设计的任务包括数控机床操作的五项准备任务以及四项机加工任务；任务自主性维度下需要进行设计的任务包括操作工人的工作进度安排、任务完成顺序以及自由选择参与智趣体验式工作的权利；任务反馈性维度下需要被设计的任务包括可以反馈操作工人的个人工作能力、在组织中的竞争能力以及工作获得的薪酬与奖励。这些被提取以及归纳的典型数控机床操作工作将作为下一步目标设定的任务来源。

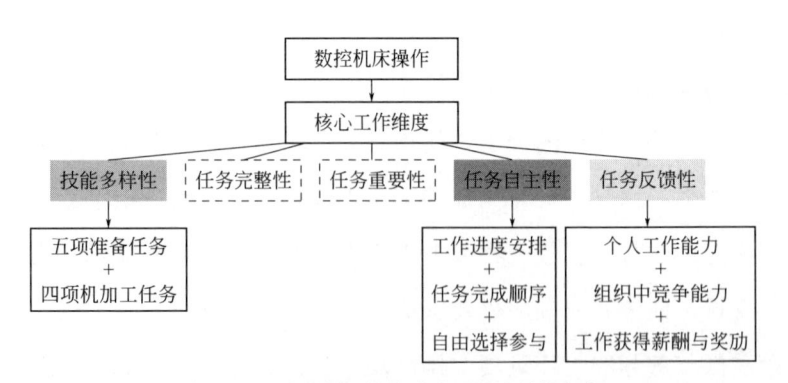

图3-3 待进行智趣体验式工作设计的任务

基于智趣体验式工作设计模型所提出的对目标设计的要求，面向数控机床操作工作进行的典型任务目标设定应当是具体且明确的，并且是能够满足以过程为焦点和以结果为中心两种需求的。与前面对典型任务的细分和归纳分析相同，典型任务目标的设定也会根据每个核心维度进行罗列，并依据前面所列的典型任务一一进行对照，具体内容如下。

处于技能多样性这一核心工作维度下的九项典型任务，它们的目标便是准确性和高效性，这也是大多数公司对员工绩效表现的主要期望。表 3-2显示了在技能多样性的核心工作维度下，典型任务与典型任务目标之间的对应关系。具体而言，这九项任务的准确性是要求操作工人对于被分配到的工件加工合格率需要达到 95% 以上，这是大多数制造企业对工件加工合格率要求的最低标准。这九项任务的高效性是指要求操作工人在每个工作日内必须完成被分配到的所有工件加工任务，被完成的工件将被标识为成品工件计入工作绩效表现。操作工人可以根据个人情况，完成超过被分配的任务量，这也是企业管理层所期望的员工行为。除了需要满足组织机构对操作工人的工作绩效目标与要求外，智趣体验式工作设计还需要创建激励性的工作环境，从而进一步提高操作员的工作质量和数量。相较于前者以提升员工工作绩效表现这种以结果为焦点的目标，提供智趣感的工作体验便是一种以过程为焦点的目标。

表 3-2　技能多样性核心工作维度下典型任务与典型任务目标的对应关系

核心工作维度	典型任务	典型任务目标
技能多样性	9 项典型任务（详情见表 3-1）	准确性（合格率大于等于 95%）
		高效性（成品工件大于等于被分配到的工件）
		创造具有激励性的工作环境

对于任务自主性这项核心工作维度下的典型任务来说，为数控机床操作工人提供在工作进度安排、任务完成顺序以及参与智趣体验式工作的自由选择权这三个方面的自主权利是其典型任务目标。由于数控机床操作并

不算是流水线工作，因此操作工人可以根据个人能力和自由意志来决定工作进度安排。在任务完成顺序方面，尽管大多数情况下，制造企业会对任务完成顺序进行相应的设置与规定，但在实际操作过程中，操作工人仍然可以在不影响最终加工结果的前提下，根据自己的喜好决定某些加工任务的顺序。最后，是否参与智趣体验式工作则可以根据操作工人的主观意愿进行选择，从而避免强行性乐趣对操作工人产生的负面影响。这些目标的设定相对来说都属于以过程为焦点的范畴，它们均致力于为数控机床操作工人创造一个具有激励性的工作环境。表3-3展示了任务自主性核心工作维度下的典型任务与其目标之间的对应关系。

表3-3　任务自主性核心工作维度下典型任务与典型任务目标的对应关系

核心工作维度	典型任务	典型任务目标
任务自主性	工作进度安排	提供自主选择的权利
	任务完成顺序	
	参与智趣体验式工作的自由	创造具有激励性的工作环境

任务反馈性核心工作维度下的典型任务主要包括员工的个人工作能力、在集体中的竞争能力及工作获得的酬劳与奖励，对其设定的典型任务目标便是能够通过反馈机制随时唤醒并提醒员工对工作状态的意识与感知。具体而言，在智趣体验式工作设计中需要通过先进信息技术获取数控机床操作工人在上述三种典型任务方面的完成情况数据，并将实时的视觉化反馈传递给操作工人。此维度下的典型任务目标设定既注重结果，又注重过程体验，不但可以通过对工作绩效的实时反馈提醒操作工人对其工作进度和工作结果进行感知，同时也有助于激励性工作环境的营造。表3-4显示了任务反馈性核心工作维度下典型任务与其目标之间的对应关系。

综上所述，对基于各个核心工作维度下的典型任务以及典型任务目标进行总结，具体内容如图3-4所示。至此，针对数控机床操作的智趣体验式作业设计的准备阶段已完成。

表 3-4　任务反馈性核心工作维度下典型任务与典型任务目标的对应关系

核心工作维度	典型任务	典型任务目标
任务自主性	个人工作能力	实时量化的工作表现反馈
	在集体中的竞争能力	
	工作获得的酬劳与奖励	创造具有激励性的工作环境

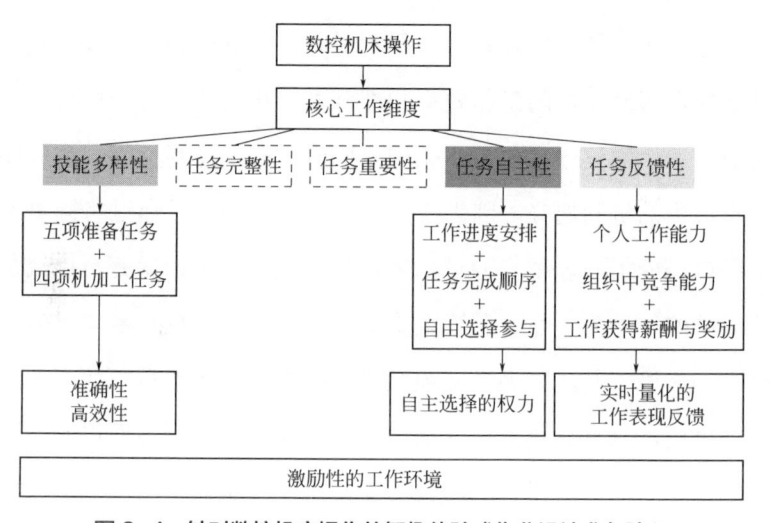

图 3-4　针对数控机床操作的智趣体验式作业设计准备阶段

智趣阶段

本框架的第二阶段是智趣体验式设计阶段。在此阶段中，根据准备阶段已经讨论分析所设定的典型任务目标，通过选择适当的游戏元素和游戏机制来对数控机床操作进行游戏化设计。在针对数控机床操作的智趣体验式工作设计中，正如智趣体验式工作设计模型中所列出的，选取的游戏元素包括分数、徽章、成就、排行榜以及队友，同时选取的游戏机制包括竞赛、挑战和反馈。这些游戏元素与游戏机制具体如何完成每个核心工作维度的典型任务目标，将会在下面进行详细描述。

在技能多样性核心工作维度下，典型任务目标是准确地和高效地完成五个准备任务和四个机加工任务，同时还要为操作工人创造激励性的工作环境。为了实现这些目标，本阶段选择了智趣体验式工作设计模型中提到的所有五个游戏元素和三个游戏机制。游戏元素、游戏机制以及此维度下的典型任务目标之间的相互关系如图3-5所示。正如前面对游戏元素和游戏机制的描述，竞争是一项强有力的游戏机制，它可以通过积极的同伴压力来提高数控机床操作员的工作效率和准确性，从而营造出一种员工具有力争超越他人欲望的健康竞争工作氛围。同时，有了竞赛机制，挑战便成为一种必不可少的机制选择，因为在竞争当中员工倾向于通过将同事所展现出的优于自己的工作表现作为目标来挑战自我。如果说竞赛与挑战是发起激励性活动的原动力，那么反馈就是促进员工持续保持竞赛与挑战兴趣的重要机制和终极工具，因为当一项竞赛或挑战活动结束后，所产生的行为结果至关重要，只有让员工充分意识到自己通过付出努力而得到结果后才能够继续从事新的竞争或挑战。关于支持这三种游戏机制的五个游戏元素已经在前文进行了讨论，此处不做过多赘述。

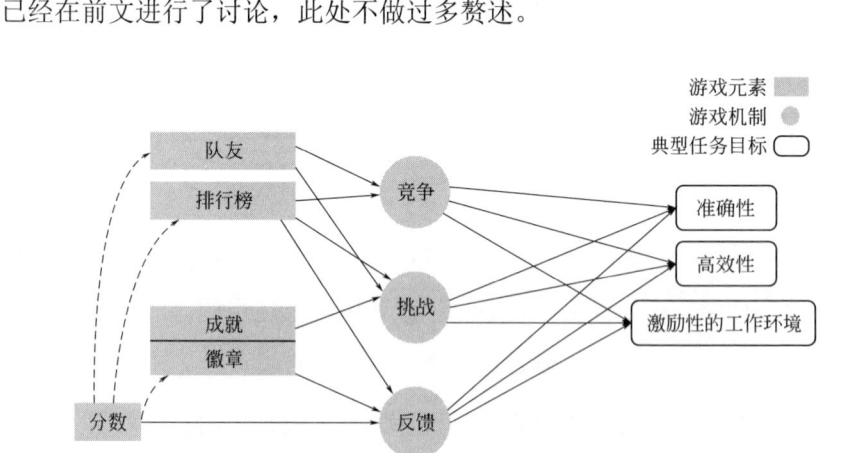

图3-5　技能多样性维度下游戏元素、游戏机制以及典型任务目标之间的关系

基于上述游戏元素和游戏机制的选择，提出了一套针对技能多样性核心工作维度下的智趣体验式工作设计策略，具体内容如表3-5所示。

表 3-5　技能多样性核心工作维度下的智趣体验式工作设计策略

核心工作维度	游戏元素	游戏机制	智趣体验式工作设计策略
技能多样性	分数徽章成就排行榜队友	竞赛	此环节中将鼓励操作工人参与关于九项典型任务（5 项准备任务以及 4 项机加工任务）的竞赛。每项典型任务的目标都是能够将其高效且精准地完成，主要体现在对工件加工所消耗的时长以及工件合格率方面。每场比赛以一个工作日为单位，参加每场比赛后，嵌入数控机床中的智趣体验式应用程序将自动记录每个操作工人在每项典型任务中所花费的时间。操作工人完成每项典型任务以及每场比赛都将获得相应的积分
		挑战	为了给操作工人提供更多挑战自我的可能性，在竞赛中设置了四种成就和徽章项目，通过赢得挑战获取相应成就、徽章以及奖励积分
		反馈	每位操作工人在竞赛过程中所获得分数、徽章、成就以及排名情况将在每个工作日结束时进行统计与计算。如果在加工过程中有报废工件，将会从游戏总分中扣除相应的分数。竞赛中所获得积分将与员工的绩效奖励挂钩

此环节中将鼓励操作工人参与关于九项典型任务（5 项准备任务以及 4 项机加工任务）的竞赛。在竞赛过程中，操作工人可以通过个人努力获得四类成就以及相关徽章，主要包括：

① 最快完成单项任务的员工，可以获得"刀光剑影"称号及相应徽章；

② 总分最高的前三名员工，可以分别获得"傲视群雄""风生水起""稳步前进"这三个称号以及相应徽章；

③ 完成全部任务的员工，可以获得"无处不在"称号以及相应徽章；

④ 排名有所上升的员工，可以获得"势如破竹"称号及相应徽章。

每个徽章都被赋予相应的奖励积分，这些积分将会被添加到操作工人竞赛的总游戏分数中。总游戏分数是在每个工作日结束时进行统计和计算的，如在加工过程中出现残品，则需扣除相应的分数。在竞赛中所获得总游戏积分将会与员工的绩效奖薪资直接挂钩。

在任务自主性核心工作维度下，典型任务目标是能够让操作工人自由选择和安排工作进度、任务完成顺序、是否提交游戏分数，并且创造激励性的工作环境。自主性的体现并不需要特定的游戏元素和游戏机制，而是

第三章　智趣化的设计方法　　**67**

通过在竞赛规则以及交互设计中给予选项进行提示。操作工人的自由意志是能够最大限度地发挥智趣体验式工作设计为他们提供足够的工作投入感与乐趣的基本前提。在任务自主性维度下的智趣体验式工作设计策略中，操作员可以自行决定操作进行的速度以及任务完成的顺序。为了体现对智趣体验式工作设计的"认同"，他们还会拥有选择是否参加竞赛抑或提交比赛分数的权利，以此避免强制性乐趣对他们造成的影响。基于任务自主性核心工作维度的智趣体验式工作设计策略在表3-6中进行了描述。

表3-6　任务自主性核心工作维度的智趣体验式工作设计策略

核心工作维度	游戏元素	游戏机制	智趣体验式工作设计策略
任务自主性			操作工人可以自主决定完成任务的速度以及顺序
			是否参加竞赛以及提交竞赛成绩也可以根据个人意愿进行选择

在任务反馈性核心工作维度下，典型任务目标是为操作工人的个人工作能力、在集体中的竞争能力以及工作所获得的薪资及奖励等方面信息提供实时定量的视觉反馈，并且为员工创造激励性的工作环境。显然，反馈这项游戏机制极为适用于这个环节的设计之中，因为游戏中所具有的即时性且可见性反馈是游戏化设计中的一大优势。实时的工作绩效反馈是一项能够为员工创造激励性工作环境的强大推动因素，而这也是在大多数传统工作场所中很难实现的。作为一种游戏机制，反馈可以通过各种具有美感以及趣味性的视觉反馈显示参与者在游戏中的状态，并且轻松地促进其审美体验的生成，这种审美体验会让人产生一种强烈的意义感，可以帮助个人更深入地理解所体验事件的本质。因此，实时的反馈机制可以有效地促进操作工人进行自我激励和自我满足。为了实现反馈机制，此次智趣体验式工作设计选择了分数、徽章、成就、排行榜和队友作为游戏元素，以便更好地将有关操作工人的个人工作能力、在集体中的竞争能力以及工作获得的薪酬与奖励信息进行实时反馈。选择这些游戏元素的重要性在于它们

可以为操作工人提供具有可量化和可感知视觉信号，并且通过这种审美体验使其保持专注以及在战术上的沉浸。所选择的游戏元素、游戏机制以及与任务反馈性核心工作维度下典型任务目标之间的关系如图3-6所示。

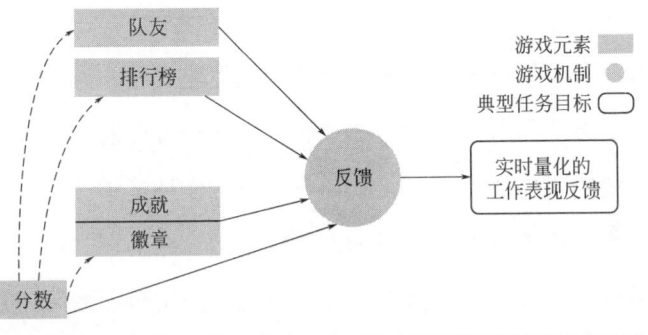

图 3-6　任务反馈性核心工作维度下游戏元素、游戏机制以及典型任务目标之间的关系

在完成对游戏元素和游戏机制的选择后，即可展开针对任务反馈性核心工作维度下的智趣体验式工作设计策略制定，具体内容如表3-7所示。在这个核心工作维度下，操作工人可以对个人的工作能力、在集体中的竞争能力以及工作所获的薪酬和奖励进行实时反馈的获取，反馈形式主要包括完成任务所获得的分数、额外奖励的分数、游戏总得分、临时排名、最终排名、徽章和成就称号等。

表 3-7　任务反馈性核心工作维度的智趣体验式工作设计策略

核心工作维度	游戏元素	游戏机制	智趣体验式工作设计策略
反馈	分数 徽章 成就 排行榜 队友	反馈	操作工人将通过所获得的分数、徽章、成就、排名来了解个人工作能力、在集体中的竞争能力以及工作所获得薪酬与奖励等方面的实时信息反馈

至此，便完成了基于技能多样性、任务自主性以及任务反馈性这三个核心工作维度下对三组智趣体验式工作设计策略的提出与设计工作。为实现这些策略，设计师需要将诸如信息系统、应用程序以及网页等适当信息技术手段运用在实际工作环境中，这部分的应用设计将在下一章进一步进

行阐述。

评价阶段

为了对面向数控机床操作所设计的智趣体验式工作设计进行有效性评价，最常用的方法是对参与者的心理和行为两个方面的结果或者改变进行量化。在传统的工作场所中，尤其是在工业工作环境中，企业管理层较少会将操作工人的心理状态与表现纳入评价范围，因为在制造业的工作环境中，若人类操作员可以像机器人一样高效且不产生负面情绪便是较为理想的状态。然而，这并不现实。那么各种限制及环境因素会导致在很多情况下无法或是忽略了将人因纳入工作设计环节内，自然会导致员工的工作动机不足以及工作效率低下等问题。

自20世纪末以来，学者们已经广泛地承认了员工的心理影响在工作过程中值得研究人员密切关注。如今，通过智趣体验式工作设计的方法对员工的心理因素进行深入的诠释与分析，营造具有激励性的工作环境，促进员工正面工作情绪的生成，从而提高他们的工作表现结果，这就是智趣体验式工作设计的优点。在大多数与工作设计中员工心理因素相关的研究中，工作动机、工作满意度、工作投入感以及愉快的工作体验是最为常见的研究对象。在本研究中，工作动机是智趣体验式工作设计模型中主要强调以及详细讨论的因素。因此，操作工人的工作动机将是评估面向数控机床操作智趣体验式工作设计时的一项必要指标。此外，如智趣体验式工作设计模型所示，工作满意度也是一个值得衡量的工作情绪指标，对于测试智趣体验式工作设计对数控机床操作的有效性具有重要意义。需要注意的是，本研究暂且不将工作投入感和愉快的工作体验作为评价智趣体验式工作设计有效性的指标，这是因为在工业环境中，员工在工作过程中所体验到的乐趣、快乐以及强烈的投入感并不是大多数制造企业管理层所追求的首要目标。这两个因素可以在未来的研究中进行进一步讨论与分析。

除了心理状态及结果，员工的工作行为结果改变是智趣体验式工作设计的另一个目标，这也是企业管理者最为关注的方面。企业运营绩效是每个公司都会进行重点衡量的一个普遍指标，主要使用的方法包括关键绩效指标（KPI）、目标管理（MBO）和行为锚定的评级量表（BARS）等。就数控机床操作而言，对操作工人比较重要的两个绩效考核指标是他们完成的加工工件以及工件合格率。如果所需要完成的工件数量是固定的，那么实现更短时间内完成加工任务以及更高的产品合格率便可被视为一种得到提升的员工行为工作成果。

第四节 智趣化设计的优势

游戏化工作设计的动机驱动性

本书所提出的智趣体验式工作设计框架，创新性地为制造企业提供了一种游戏化管理解决方案，为从事单调枯燥、重复性高、主观能动性较低的数控机床操作工作的工人提供了具有智趣感的工作体验，从而对其工作情绪以及工作绩效表现产生了正面影响。在传统的工作环境中，特别是制造工厂，游戏是一个较为"禁忌"的词汇，通常被视为与严谨的工作内容以及严肃的工作环境背道而驰，不但会分散员工的工作注意力，还有可能引发安全隐患。但是不得不承认的是，制造业这种长期以来重技术、轻管理、较少考虑员工心理情绪对工作行为影响的缺陷，已经导致制造业人力资源管理面临重重问题，那么在工作设计中加大对人性的考量力度，已经成为一个不可回避和必然的管理趋势。因此，通过结合游戏化的理念，提出一个更适用于制造企业的智趣体验式工作设计理念，对具体参与人员的心理及行为特点进行研究，从而提高其工作效率，不失为一种在制造业转型时代背景下兼具创新性和可行性的管理方法。智趣体验式工作设计巧妙地利用人类天生喜欢游戏的本质，激发员工在工作中未被发掘的潜能，通过创造具有激励性的工作环境对他们的心理和行为结果进行改变，是将游戏化应用到数控机床操作领域的一项探索性尝试，也是一次从理念和实践角度对制造业管理进行的突破式创新。

对制造业两化融合的推动性

新一代智能制造的开启预示着我国制造业正在向"人-信息-物理"系统（Human-Cyber-Physics System，HCPS）转型，它将作为智能制造发展的主要技术机理指导制造业两化融合与产业升级。其中，"人"在新一代智能制造中的作用表现为将认知与学习功能传授于信息系统，使其具备处理复杂以及不确定问题的能力，从而本质性地提升信息系统的智能程度。然而，"人"在新一代智能制造时代所扮演的角色不应仅局限于技术维度，基于数字化、网络化、智能化性能的信息系统同样可以通过加入人文关怀理念为制造业人力资源管理提供辅助与支持。

本书所提出的智趣体验式工作设计框架中，对面向数控机床操作的设计策略采用了使用先进信息技术手段进行实现与实施的方法，对采集、记录、跟踪员工工作绩效数据方面具有极大的辅助作用。相较于现有的信息管理通常只进行以员工工作结果为导向的数据收集，本书所提出的智趣体验式工作设计及其应用，还会将员工在工作流程中所产生的数据进行收集、跟踪、存储以及比较分析，这对制造企业实现信息化管理具有较大价值。这种方法的采用可以客观地分析出员工工作绩效表现具有影响的因子，并且将与之相关的数据和信息加以收集，不但可以提高企业的管理透明度，还可以通过实现更客观有效的绩效评估来提升员工对企业管理的信任感与忠诚度。

智趣体验式工作设计的普适性

本书所提出的智趣体验式工作设计框架的一个重要意义在于，它能够从相对微观的角度对工作进行分解。由于大多数工作都可以根据五个核心工作维度进行细化和分类，在面对不同工种、不同行业以及不同工作环境时，该框架便具有了特殊性和普适性兼得的优势。与其他研究中所提出概念过于笼统，抑或实践上仅适用于特殊情境的框架相比，本书所提出的框架不仅可以具体指导面向实际工作的智趣体验式设计过程，还可以跨越不同工作类型以及行业背景之间的界限。在中国和印度这样的发展中国家，通过工业机器人全方位地取代制造业一线操作工人的可能性并不会在未来短期内实现，那么通过智趣体验式工作设计改善一线员工的工作体验来促进生产效率便是一种有效可行的措施。尽管在包括德国和日本在内的发达国家中，已有很多制造工厂经历了机器人技术的革命性变革，但只要企业仍然需要招募人类员工（例如监管机器人的经理），实施智趣体验式工作设计就是有效可行的方法，因为对于监管机器人这类工作来说，也避免了不了某种程度上的重复感与乏味感。因此，大部分具有重复性和乏味性的日常工作都可以通过智趣体验式工作设计框架对其进行优化，从而对员工的工作和行为产生积极的影响。在未来，可将此工作设计框架应用于诸如制造行业的装备工作、IT 行业的校准工作或服务行业的接单、收银、外送等工作。

基于前文所构建的智趣体验式工作设计模型，本章节提出了一个用于设计流程的智趣体验式工作设计框架，同时阐述了这二者之间的关系。智趣体验式工作设计模型主要作为工作原理为设计人员提供理论基础，而智趣体验式工作设计框架则为他们提供具体实施设计流程的应用指导。随后，对智趣体验式工作设计框架中的各个组成部分进行了描述与说明，该框架主要包括准备阶段、智趣体验式设计阶段以及评价阶段这三个阶段。由于本研究的应用对象是数控机床操作，因此如何利用智趣体验式工作设计框架对目标工作进行应用得到了充分的分析和描述，也生成了一系列基于核心工作维度的智趣体验式工作设计策略。随后，本章列举了可用于本次面向数控机床操作的智趣体验式工作设计评价的评价指标，具体内容如表 3-8

所示。最后，作者对所提出的智趣体验式工作设计框架的特点进行了总结。

表3-8　智趣体验式工作设计策略及评价指标

核心工作维度	游戏元素	游戏机制	智趣体验式工作设计策略
技能多样性	分数 徽章 成就 排行榜 队友	竞赛	此环节中将鼓励操作工人参与关于九项典型任务（5项准备任务以及4项机加工任务）的竞赛。每项典型任务的目标都是能够将其高效且精密地完成，主要体现在对工件加工所消耗的时长以及工件合格率方面。每场比赛以一个工作日为单位，参加每场比赛后，嵌入在数控机床中的智趣体验式应用程序将自动记录每个操作工人在每项典型任务中所花费的时间。操作工人完成每项典型任务以及每场比赛都将获得相应的积分
		挑战	为了给操作工人提供更多挑战自我的可能性，在竞赛中设置了四种成就和徽章项目，员工通过赢得挑战获取相应成就、徽章以及奖励积分
		反馈	每位操作工人在竞赛过程中所获得分数、徽章、成就以及排名情况将在每个工作日结束时进行统计与计算。如果在加工过程中有报废工件，将会从游戏总得分中扣除相应的分数。竞赛中所获得积分将与员工的绩效奖励挂钩
任务自主性			操作工人可以自主决定完成任务的速度以及顺序； 是否参加竞赛以及提交竞赛成绩也可以根据个人意愿进行选择
任务反馈性	分数 徽章 成就 排行榜 队友	反馈	操作工人将通过所获得的分数、徽章、成就、排名来了解个人工作能力、在集体中的竞争能力以及工作所获得薪酬与奖励等方面的实时信息反馈
评价阶段			
工作心理表现			工作行为结果
工作动机			总加工时长 / 完成工件个数
工作满意度			产品合格率

第 四 章

智趣化的应用设计

本章首先会对大多数制造企业一线工人在进行数控机床操作时的典型工作流程进行描述。在这些数控机床操作过程中，发现了若干管理缺陷以及听取了相应的企业管理需求。为了解决所存在的问题，基于前面所提出的智趣化设计策略，提出了一套面向数控机床操作的智趣式信息管理系统。该系统主要包括四个主要部分，即数控机床终端、上位机端、云服务端以及移动客户端。为了实现该系统的开发，本书具体解释了系统的总体架构、各部分功能以及相应的用户交互界面。该信息管理系统的创新之处在于，它首次尝试通过基于数控系统二次开发的程序获取生产过程数据，并将其用于有助于员工工作情绪与绩效表现的工作设计之中。这项研究使用了安装有 FANUC 数控系统的数控机床，使用其专门的开发软件 FANUC Picture 实现数控机床终端的开发，并将数据通过以太网和 FOCAS 协议传输到上位机。经过上位机处理的工作绩效数据则会通过云服务端传输到移动客户端，并对数据进行具有趣味的视觉设计以及智趣体验的交互设计，这套系统的研究可以说是智能制造管理领域的一项创新。

第一节　听工厂诉需求

典型装备制造企业组织架构

不同的制造企业都会存在着内部结构、工作流程以及生产制造方面的差异，为了设计一个更具通用性和灵活性的信息管理系统，需要对大量制造企业的组织结构以及工作流程进行调研和总结。本节将会提出一个符合大多数制造企业，特别是离散型制造企业的典型数控机床操作流程。为了使数控机床操作工人能够顺利有效地完成工作，除了生产制造部门外，还需要其他相关的不同部门参与生产管理。因此，未来使用此智趣式信息管理系统的用户将会来自不同部门，并拥有各自不同的权限。所涉及的相关部门与关系如图4-1所示。在一个典型的制造企业中，除了董事长和总经理外，至少会包括以下六个部门：设计与研发、生产制造、销售、财务、人力资源和行政管理。设计与研发部门的主要职责是尝试和使用更新的材料和工艺，优化设计流程和成果，研究如何提高产品性能等方面的内容。这个部门的主要宗旨是不断提高技术优势，并将其转化为具有市场前景的产品，以增强公司的核心竞争力。制造部门通常需要实现研发部门提出的各种想法以及设计和解决方案。在典型的制造企业中，生产制造部门主要负责在工厂车间完成各种生产任务，同时还需要对制造设备和制造工人进行管理。销售部门主要负责对市场进行研究和报告、产品销售以及售后服务。财务部门主要负责企业的生产投入产出比、财务核算和资金管理。人力资源部的职责主要包括人力资源方面的计划、执行、评估、培训和管理。行政部门主要负责制定公司规章制度和各部门的职能管理。在上述六个部门中，与数控机床操作有直接相关性的部门包括生产制造部门、销售部门以及人力资源部门。因此，本研究旨在提出一个主要服务于这三个部门的逻辑清晰、交互流畅、体量轻便、具有智趣体验感的信息管理系统。

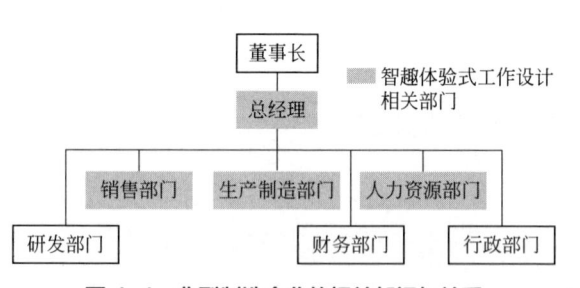

图4-1 典型制造企业的相关部门与关系

典型数控机床操作流程

除了制造企业的内部组织结构存在着特殊性与差异化，不同企业的制造部门中对于数控机床操作的流程也存在着各自特有的规定与要求。为了设计出一个更具通用性的信息管理系统，本书对大多数使用数控机床进行生产加工的制造企业展开了关于数控机床操作流程的调研。在一个典型制造企业中，与制造生产相关的典型管理流程如图4-2所示。位于企业最高层的管理者通常扮演着观察者和规划者的角色，他们专注于每个部门的生产能力、总产量以及员工的工作绩效，会根据所获得的数据和信息对企业进行战略上的规划与调整。与制造生产直接相关的第一个部门是销售部门。当销售部门收到来自客户的订单时，便会按照订单内容将其转换为生产计划，并将计划传达给制造部门，有些企业会通过这两个部门的合作完成生产计划设计。这一部分并不与数控机床操作直接相关，是整个流程的初始步骤。

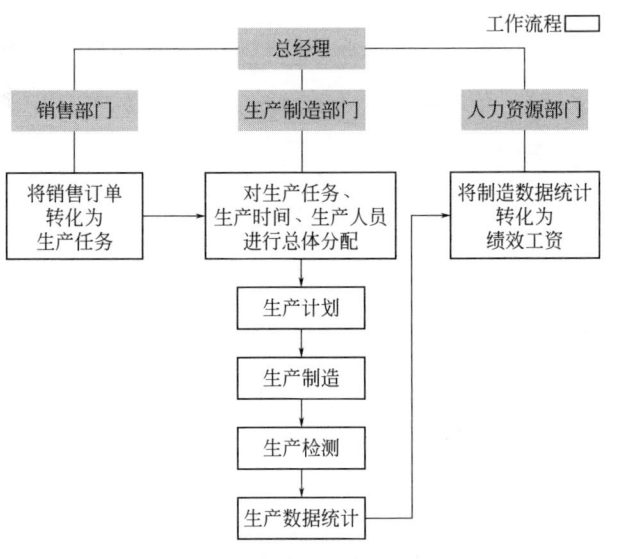

图4-2　典型生产制造的管理流程

生产制造部门是数控机床操作得以进行的主要相关部门，也是数控机床操作工人所隶属的部门。为了有效完成销售部门分配的订单任务，生产制造部门中的多个下属部门会负责相应的工作内容。生产制造部门通常包括五个不同的下属部门。首先，当收到生产订单的相关信息后，生产部长通常会从较为总体的角度将任务分配给相应的职责负责人，例如工作总量、完成时间和职能人员分配等。随后进入生产计划步骤，在此步骤中，车间主管或制造部门负责人需要对被分配到的生产制造任务进行计划的制订，包括人员分配、生产制造任务以及生产周期分配等内容。当详尽的生产计划制订完毕后便可进入生产步骤，此步骤主要涉及数控机床操作工人参与完成工作的部分。随着制造工作的完成，操作工人需要在质量检查步骤中将已加工完毕的工件送至质检部门进行质量检查。通过质量检验的合格工件才会被计入有效完成的工件数量，而不合格的工件需要根据实际情况进行再次加工或者重新加工，并进行再次质检。最后，统计部门会将数控机床操作工人完成的成品工件数量（或加工工时）整合为生产统计数据，并将其发送给人力资源部门以作为绩效评价与薪酬发放的数据基础。

当人力资源部门在固定周期内接收到由制造部门发送的包括每位数控机床操作工人的总工作量和产品合格率的生产统计数据后，相关负责人会将其换算为绩效工资，并计入数控机床操作工人的月薪中。

以上便是最简化和基础的典型生产制造企业与数控机床操作以及生产加工相关的流程演示。尽管不同企业的管理人员会根据企业实际需要提出各式各样的特定需求与规章制度，但是以上过程可以作为一个清晰的范例来代表大多数制造企业中的典型数控机床操作过程，并可为其搭建相应的智趣式信息管理系统。

数控机床操作流程中的管理问题及需求

在上文所提出的典型数控机床操作的过程中，企业管理者面临着一定的管理问题以及需求。如图 4-3 所示，对于企业最高领导者来说，及时获得企业在生产制造方面的总生产力信息以及在发现工作日中所发生的管理问题反馈是最为至关重要的。目前一部分高档数控机床所使用的数控系统可以在联网的情况下对工厂内的数控机床加工能力与状态进行实时监控。然而，较大部分的制造工厂只能通过以月或者特定周期为单位进行生产结果的统计，这便使得数据反馈存在着一定的滞后性，无法满足企业的实时性管理需求。因此，为高级经理以及企业管理者提供实时的生产力信息，令其可以随时随地监控生产并做出快速及时的决策，已成为信息时代增强制造企业核心竞争优势的手段之一。

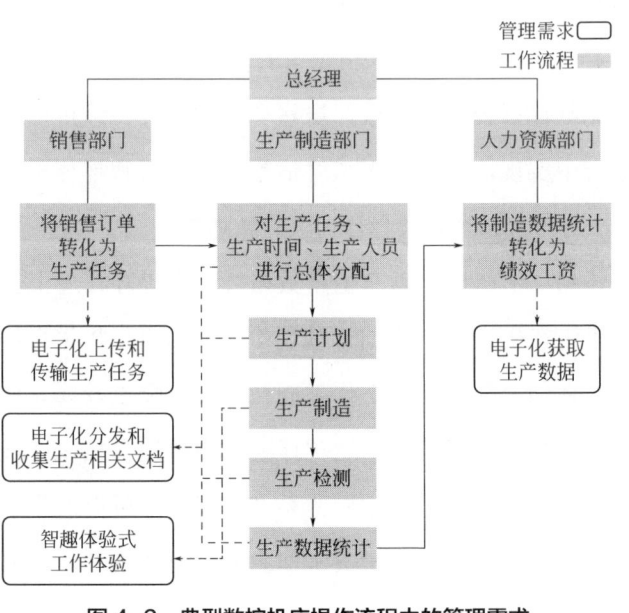

图 4-3 典型数控机床操作流程中的管理需求

对于销售部门来说，管理需求不是特别迫切。如上述典型数控操作过

第四章 智趣化的应用设计 **81**

程所示，在传统的工作环境中，销售部门的负责人员将订单的内容转换为生产制造任务，然后将其发送给制造部门。此任务通常以电子文件的方式传输，因此在所设计的智趣式信息管理系统中应该具有一个功能模块以供销售部门员工进行相应的生产制造任务的上传与下载，从而完成部门之间业务流程无纸化、无缝化对接。

对于生产制造部门而言，目前数控机床操作流程管理存在着两个主要问题。首先，在大多数制造工厂中，生产制造部门的经理通常仍是通过纸质文件甚至口头公告来分配工作。尽管使用纸质文件可以保证工作任务的清晰明确性，但它无疑会降低管理效率以及员工工作效率，也在无纸化信息办公时代的可持续发展方面存在着一定的落后性。而使用口头通知就更加应当被彻底淘汰，因为这种管理方法会导致任务分配过程中的不准确性与不可追溯性，从而导致管理遗漏和混乱。因此，在即将进行的智趣式信息管理系统设计中，需要为生产制造部门的经理提供能够分配工作任务、工作内容、工作时长以及操作人员记录的功能，以提高任务管理的准确性、有效性以及无纸化办公的环保性。虽然类似的功能已经可以在一些企业的制造执行系统中实现，但它们无法对信息进行具有智趣体验式的视觉传达设计，也无法对员工起到心理和行为上的激励作用。

在生产计划、生产检验以及生产数据统计中也存在着上文所提到的管理问题和需求。在生产计划的制订过程中，车间主任将根据经理所分配的任务进行更具体的分配，包括工作时间、人员分配以及要完成工件的种类和数量。在大多数制造工厂中，这项任务仍由纸质文档来完成。对于车间主任而言，他需要与生产部长相同的系统功能，即可以对生产计划进行电子制订，从而简化并且信息化相关工作内容与具体细节。随后在产品质量检查过程中，质检人员需要所设计的智趣式信息系统可以为统计部门提供他们工作成果的电子报告，即数控机床操作员工的产品合格率以及未通过质检的工件数量。在统计相关生产制造数据时，质检员工能够通过使用上传与下载的功能对数控机床操作工人已完成工件的数量以及质量检查结果进行信息化操作，从而提高工作效率与准确率。

生产制造部门所面临的第二个管理问题发生在生产制造过程中。在此过程中，数控机床操作工人是完成所分配的特定生产制造工作的执行者，他们面临的最大问题是由烦琐的工作内容导致的缺乏工作动力、工作效率低下以及工作进度延误。这个问题也是面向数控机床操作进行智趣体验式设计的初衷和需要解决的核心问题。对应前面讨论的智趣体验式工作设计策略，所设计的智趣式信息管理系统则需要为用户提供针对技能多样性、任务自主性以及任务反馈性这几项核心工作维度下的建议解决方案。在技能多样性方面，使用竞争和挑战为机制可以改善乏味和重复性的操作工作，从而激励数控机床操作工人的工作能动性。随着自主意识的增强，数控机床操作工人也更容易产生积极的工作情绪。由于数控机床操作属于劳动密集型工作，加之操作工人通常没有接受过高等教育，因此薪资反馈这种外在动机对于激发他们的工作意愿起着非常重要的作用。但是，在传统的制造企业中，操作工人通常需要等到每月结算薪资时才能获知自己当月劳动成果所得，而无法在完成日常工作任务后便获取实时的薪资反馈信息。当数控机床操作工人能够即时或在每个工作日结束时获得对已完成工作的酬劳反馈，而不是等待一个月时长时，他们更有可能通过视觉上的刺激而得到心理上的鼓励，进而感觉到工作的成就感和自我价值。于是，对于生产制造部门而言，所设计的智趣式信息管理系统致力于通过为操作工人创造具有竞争性和挑战性的工作环境，提升他们的工作自主性以及从工作中获得劳动能力所得的反馈感，从而达到解决数控机床操作工人缺乏工作动力问题的目的。

人力资源部门的主要职责是获取来自质检部门的生产数据统计，因此，在智趣式信息系统中应当为人力资源部门的员工开发具有可以接收和下载生产数据统计的功能，以便相关人员及时对数控机床工人的绩效工资进行核算。

第二节　为工厂建系统

智趣式管理信息系统总体架构

　　本智趣体验式信息管理系统主要由四个部分组成，包括数控机床终端、上位机端、云服务端以及移动客户端，具体关系如图4-4所示。本系统的最底层是由多台数控机床组成的。在数控系统中开发了用于启动、结束计时器及计时器变量结果转存的用户宏程序，在运行程序的同时能够获取操作工人完成上述各项关键任务的耗时。在每一特定周期（如工件加工完成）后，这些耗时数据将会通过数控系统的工业以太网接口发送至上位机。上位机接收机床上传的数据，会按照一定的规则进行分数计算及排名统计，将此结果返回到数控机床操作系统，并将计算结果和原始数据存储于数据库中。为了保护上位机的数据安全以及保障数控机床上的生产顺利进行，

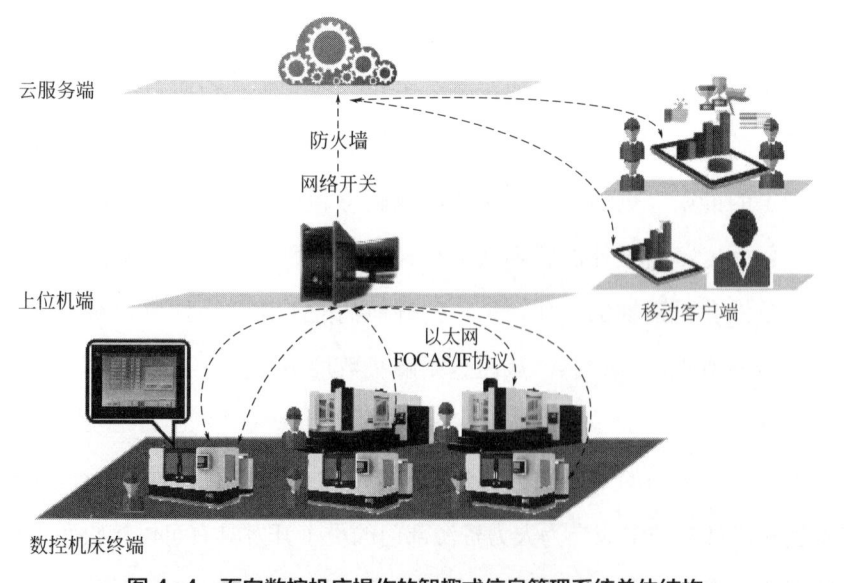

图4-4　面向数控机床操作的智趣式信息管理系统总体结构

84　　游戏化改变制造业——工厂的智趣玩法

数据经由网络开关与防火墙，通过互联网传输至云端平台，从而与外界访问终端进行连接。此终端部分采用 C/S 构架，针对移动客户端编写相关程序。用户可通过移动客户终端查看到可视化后的生产过程数据并进行交互。

数控机床终端功能

本智趣式信息管理系统中的数控机床终端设计为操作工人进行数控机床操作提供了三项主要功能，即抓取操作工人在进行数控机床操作过程中的多项操作数据、将这些操作数据传输到上位机端、从上位机端接收经过运算的工作反馈数据，具体关系如图 4-5 所示。对于数控机床端设计而言，所需要捕获的操作数据包括操作工人在执行每个操作时所耗费的操作时间以及他们加工完毕的工件数量。在获取这些操作数据后，机床端将其发送到上位机端进行处理和存储。经过上位机的处理和计算，操作数据被转换为工作反馈数据，随后被发送回数控机床终端，并在数控机床的控制面板上进行显示，此时操作工人便可以通过视觉信号感知并查看他们的即时工作反馈信息。

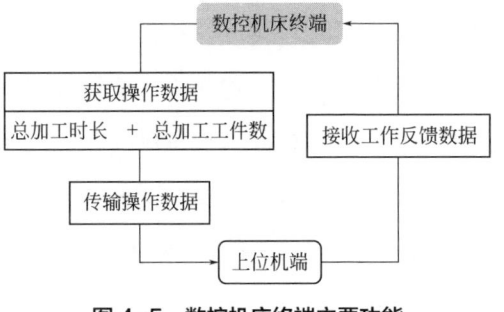

图 4-5　数控机床终端主要功能

（1）获取操作数据

数控机床终端所需要进行获取和记录的第一项操作数据为数控机床操作工人进行第三章所列出的九项典型任务时所耗费的操作时长。这些与时间相关的数据被用作衡量和评估数控机床操作工人在执行每个操作时的速度指标，也为在前面所列出的智趣体验式工作设计策略（表3-8）中的竞赛比拼提供基础信息来源。

操作工人所完成的加工工件数量也将被自动获取以及记录在数控机床终端。这些与数量相关的数据将被作为衡量和评估数控机床操作工人对于工件数量的绩效指标，这也为在智趣体验式工作设计策略中所提出的竞赛结果提供了信息来源。

（2）传输操作数据

当数控机床终端获取到包括操作工人在这些典型任务所花费的加工时间以及已加工工件数量在内的操作数据后，会将其发送到上位机端，并在上位机端对所接收的数据进行处理和计算。

（3）接收工作反馈数据

当上述提到的操作数据在上位机端得到相应的处理以及存储后，会被转化为工作反馈数据并发送回数控机床终端，同时显示在数控机床的控制面板上以供操作工人查询和了解。这些工作反馈数据不会强制性地显示在数控系统的控制面板上，因为这种强制性的信息弹出界面可能会导致操作工人的专注力下降。取而代之的是，这些工作反馈数据将被设计在控制面板上可选的根目录下进行显示，仅在数控机床操作工人主动需要对其进行查看时，才会通过侧边的功能按键获取访问它们的权限，从而减少智趣体验式工作设计中竞赛信息对操作工人实际工作载荷的影响。

上位机端功能

在面向数控机床操作的智趣式信息管理系统中，上位机端主要具有四个功能，包括从数控机床终端接收操作数据、根据智趣体验式工作设计策略所提出的规则对操作数据进行处理及运算、存储被处理后的操作数据（也被称为工作反馈数据），并将工作反馈数据传输回数控机床终端。这些功能的关系如图4-6所示。

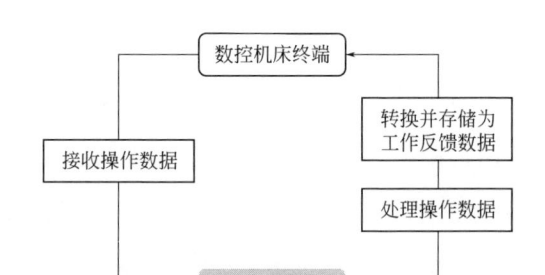

图4-6 上位机端主要功能的关系

（1）接收运行数据

上位机端将接收从数控机床终端发送来的操作数据，以便可以对这些数据进行处理和运算。

（2）处理操作数据

接收到操作数据后，上位机端的主要功能便是根据智趣体验式工作设计策略中所提出的竞赛规则以及积分规则对这些数据进行处理以及运算，并将其转换为工作反馈数据。

（3）存储工作反馈数据

根据操作数据进行处理和转换后所成为的工作反馈数据将被存储在上位机端的数据库当中，以便可以由其他设备（例如数控机床终端和云服务端）进行随时的调用与导出。

（4）传输工作反馈数据

工作反馈数据将从上位机端传输到数控机床终端，从而使数控机床操

第四章 智趣化的应用设计 **87**

作工人可以通过单击控制面板上所设置的功能按键来随时查看他们的即时工作反馈。

云服务端功能

云服务端共具有五项功能，分别是从上位机端接收工作反馈数据、从移动客户端接收由销售和生产制造以及人力资源部门提交的生产制造数据、处理所接收到的各项数据、存储已处理的数据以及将已处理的数据传输到移动客户终端。这些功能之间的具体关系如图4-7所示。

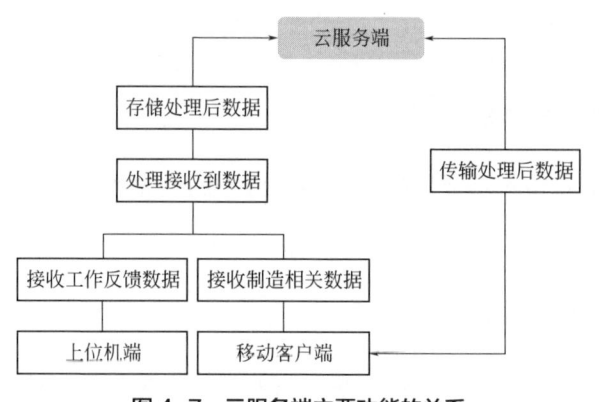

图4-7　云服务端主要功能的关系

（1）接收工作反馈数据

云服务端会根据企业管理需求在特定时长内接收来自在上位机端生成的工作反馈数据，例如获取单个工作日内抑或一周内的工作反馈数据。这些工作反馈数据将用于对数控机床操作工人的工作绩效表现进行评价。

（2）接收制造相关数据

除了接收来自上位机端所发送的工作反馈数据之外，云服务器端还会接收由销售、生产制造以及人力资源部门的相关人员在移动客户终端上所提交的制造相关数据，例如生产计划、生产统计数据以及员工绩效工资等信息。这些制造相关数据是通过使用信息技术辅助管理整个制造工作循环周期的基础信息。

（3）处理接收到的数据

接收到来自上位机端以及移动客户端所传输的信息数据后，云服务器端将对这些数据进行处理，随后向移动客户端用户提供信息反馈。根据智趣体验式工作设计策略，云服务器端需要对工作反馈数据进行处理，从而生成能够反映在某特定时间段内的特定操作工人工作绩效表现的汇总与小结。同时，云服务器端还需要对制造数据进行处理，从而为包括从将销售订单转换为生产制造任务到根据制造统计数据计算员工绩效工资的整个制造周期中不同部门的每项操作活动提供记录。

（4）存储处理后的数据

上述各项信息将会根据数据类型被存储在云服务器端的不同数据库中，以供随时被终端进行数据调取。

（5）传输处理后的数据

当接收到来自终端的数据获取请求时，存储在云服务器端的已被进行处理后的信息数据将被传输到所对应的终端，以便操作用户能够查看并且了解其工作绩效以及其他各项相关信息。

移动客户端功能

本智趣式信息管理系统中移动客户端的主要功能是实现终端用户与云服务器端之间的交互行为。该移动客户端的终端用户包括两类主要人群，即企业员工用户以及企业管理用户。员工类用户所需要进行的交互行为包括获取如生产制造任务以及要求、个人工作能力反馈、个人工作记录、上传或下载与工作相关的评论以及用赚取的积分兑换奖励等方面的信息。管理类用户的主要交互行为包括由销售、生产制造以及人力资源部门的相关用户上传、获取、发布与生产制造任务以及其他相关工作的消息。对于数控机床操作工人而言，此移动客户端成了一种智趣式工作体验的载体，使其能够更高效地感知和了解他们在工作绩效以及可获得回报方面的信息，通过可视化的工作反馈来提升自身工作动力与工作表现。对于管理人员来说，该移动客户端旨在提供实时制造统计信息，以便可以通过可视化信息为企业管理者提供感知和监控生产能力的功能。这些功能之间的关系如图4-8 所示。

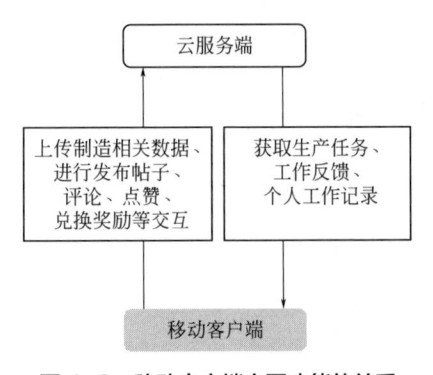

图 4-8　移动客户端主要功能的关系

第三节　给系统做设计

机床终端设计

本智趣式信息管理系统中数控机床终端的开发对象是能够使用 FANUC Picture，即装载有 FANUC 数控系统的机床。FANUC 数控系统与所有带有 FANUC Picture Executor 的 FANUC 数控系统均具有兼容性。根据本书对智趣体验式工作设计策略的描述，数控机床操作工人在完成九个典型任务时所花费的操作时长、完成工件的数量以及产品的合格率是本智趣式信息管理系统对数控机床操作工人工作绩效考核的核心数据源。数控操作工人所完成的工件数量可以直接从数控系统中获取，并且在质检部门给出质检报告后获得他们在产品合格率方面的表现。这九项典型任务的操作时长的获取方法则需要基于数控机床操作工人与数控机床之间的交互行为，具体流程如图 4-9 所示。当操作工人按下基于数控机床终端界面上的开始计时按钮时，数控系统将在每个任务开始之前通过界面对操作工人进行提示，例如操作信息窗口会弹出"程序检查"的文字对操作人员进行提示，如图 4-10 所示。在此过程中，操作工人需要根据实际工作情况进行正常操作，无须执行其他操作，系统可以自动获取每个任务的操作时间并将其记录在相应的变量之中。以此类推，完成其他几项典型任务的部分操作界面如图 4-11 和图 4-12 所示。当操作工人完成所有的典型任务时，数控系统将计算并且提示操作工人他们完成所有任务花费的总时间，如图 4-13 所示。同时，系统会弹出提示，询问操作工人是否愿意参加竞赛，如图 4-14 所示。如果他们愿意提交完成这些典型任务所花费时长的结果，从而参加多员工之间的竞赛，数控系统则会将它们上传到上位机端进行处理和计算，然后将反馈信息发送回数控机床操作终端，具体内容如图4-15所示。此界面上显示的员工排名信息是一种临时结果，因为最终结果将综合质检部门对操作工人完成工件的质检报告结果进行汇总评定。如果操作工人不愿意参加此项比赛，数控系统将不会上传从数控机床终端所获得的操作数据，此举的目的

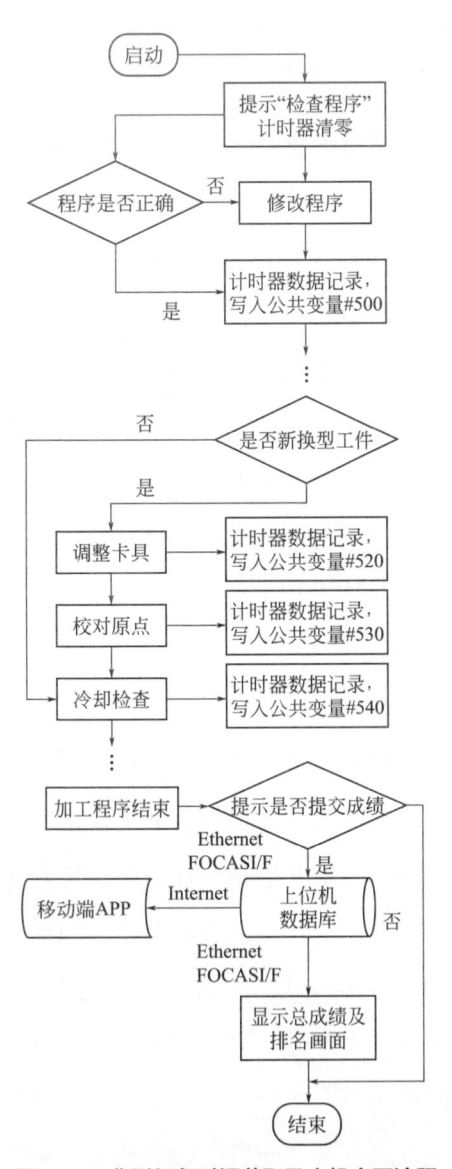

图4-9 典型任务时间获取及人机交互流程

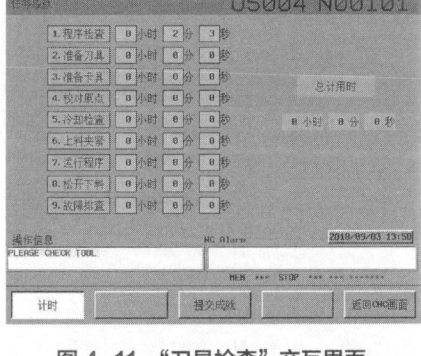

图 4-10　"程序检查"交互界面　　　　图 4-11　"刀具检查"交互界面

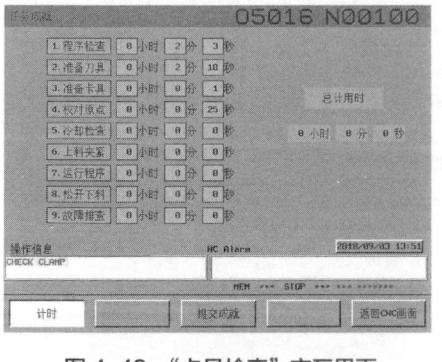

图 4-12　"卡具检查"交互界面　　　　图 4-13　"总加工时长"交互界面

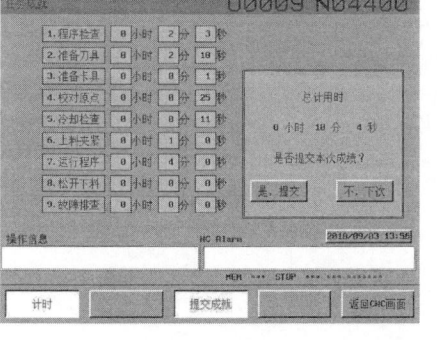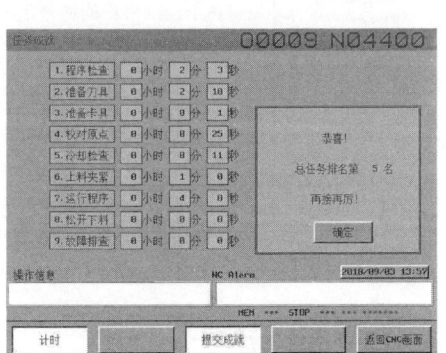

图 4-14　"参与竞赛选项"交互界面　　　　图 4-15　"临时排名"交互界面

是提升操作工人在参加智趣体验式工作设计方面的自主性，从而避免"强
制性乐趣"对操作工人产生的负面效应。

第四章　智趣化的应用设计　　**93**

上位机端设计

在从各台数控机床接收到相应的操作工人完成典型任务的操作时长信息之后，上位机将通过 MT-Linki 软件开发程序对其进行计算和排名，并将相关工作反馈信息传输回各台数控机床终端。数据的处理和计算方法可以根据每个工厂的实际生产以及管理需求而变化。本研究默认的算法以及所体现的结果包括：①数控操作工人完成每项典型任务所花费时长的排名；②数控机床操作工人所获得的临时总分；③数控机床操作工人所获得的临时总排名。各项分数计算规则具体内容如表 4-1 所示。在处理并计算完所有数据之后，这些最终结果将通过互联网发送到云服务端，以用于最终数据的处理及计算，并允许终端用户通过使用移动客户端（例如手机等）对相关信息进行查看。

表 4-1　智趣体验式工作设计中竞赛表现的计算规则

任务	计算规则
最终总分	每个工件的基本分数与加工的工件数量的乘积为临时总分； 获得各项奖励所得的加分会被加入临时总分； 由于工件残品而被扣除的分数将被从临时总分中扣除
奖励加分	完成单项任务最快的前三名操作人员可以获得依次降序的奖励积分； 完成所有任务中最快的前三名操作人员可以获得依次降序的奖励积分； 提交竞赛结果的操作人员可获得相应奖励积分； 个人成绩在临时总分和最终总分中有所提升的可以获得相应积分
残品扣分	每个残品所对应的基本分数与残品数量的乘积为残品扣分

云服务端设计

云计算服务的类型通常分为三类，即 IaaS（基础架构即服务）、PaaS（平台即服务）和 SaaS（软件即服务）。IaaS 服务通常主要面向企业用户，其典型代表包括亚马逊网络服务（AWS）以及 PPPCloud 云服务。这种云计算的最大特点是它能够将服务器的计算能力和存储容量出租给租户，而不是像传统服务器那样租用特定的服务器实体。PaaS 服务是面向开发人员的云计算服务，它的主要特征是具有开发环境并能够为开发人员提供开发工具。购买 PaaS 服务的开发人员可以省去费时费力的准备工作，而直接进行网站开发。SaaS 服务是普通消费者经常可以接触和感知到的云计算，其代表为脸书（Facebook）、百度云和腾讯微云等。它的核心特征是，消费者不一定要购买任何实体产品，而是需要购买具有与实体产品相同功能的服务，例如管理业务活动。基于这三种云计算服务的特点，本研究采用 SaaS 技术构建智趣式信息管理系统的云平台，为本信息管理系统的开发和运行提供了一个稳定并且功能齐全的服务平台。此举可以使各个部门的业务应用程序都构建在共同的服务体系结构平台上，设计人员便可以根据需求以及计划基于该平台进行相关的开发、部署以及信息集成。

① 基于 SaaS 服务的信息系统特征

能够通过互联网进行访问是 SaaS 服务的主要特征之一。由于 SaaS 平台建立在共享互联网上，因此所有用户都可以通过外部网络的网页模式对它进行访问。此方法不同于仅可在企业内部运行的基于企业内联网（Intranet）的通用信息系统。通过使用 SaaS 服务可以使管理用户和员工用户在非 Intranet 环境下对所需要的数据信息进行获取、查询与交互。

SaaS 服务的开放性为开发者和企业管理者提供了应用程序功能的集成、数据接口的集成以及组件的集成等方面的功能，可以很好地满足企业根据自身情况进行个性化开发。

SaaS 服务的另一个特点是具有极强的灵活性。通常来说，企业的信息管理系统需要随着时间的推移、企业管理决策的变更而进行相应的变化和更新，例如组织结构框架、业务流程以及绩效评估方面的变化。使用 SaaS 服务平台可以通过诸如对特定应用程序进行个性化需求定制，或者工作流程定制等维护工具对每个子应用程序进行结构、内容、流程等方面的更新，从而满足企业不断变化的管理需求。具有一定计算机知识的普通用户都可以通过培训顺利完成大部分的数据修改和维护工作，因此在完成信息系统的维护和更新方面也较为灵活便捷。

综合上述三个特征的描述可以发现，基于 SaaS 的云平台开发是最为适合本研究项目的，它可以根据不同制造企业的不同管理需求，对所开发的智趣式信息管理系统进行个性化定制，从而在满足企业自身需求的前提下提高其管理效率。

② 智趣式信息管理系统的 SaaS 软件体系架构设计

本智趣式信息管理系统中的 SaaS 软件体系架构主要由六层组成，即用户界面层、业务逻辑层、通用层、应用框架层、远程访问层以及数据访问层，具体内容如图 4-16 所示。

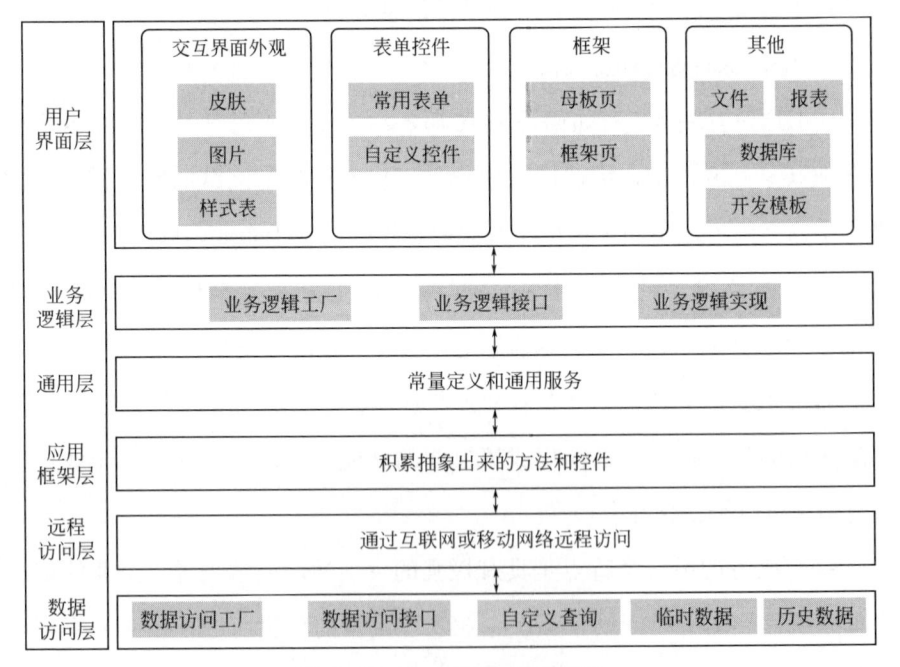

图 4-16 SaaS 软件体系架构

终端用户可以直接在用户界面层进行与智趣式信息管理系统的交互操

作。该层主要包括交互界面外观、表单控件、框架以及其他部分，从而实现终端用户与整个系统的交互行为。这一层主要是基于 Java 语言进行开发设计的，同时还包含一些 Web 控件和相关逻辑开发设计。

业务逻辑层是整个信息系统的核心层，旨在显示相关业务的制定、流程以及相关需求的系统设计。在结构上，它封装了与数据访问层关联的操作。该层主要用于实现特定业务中逻辑性数据的生成、处理以及转换。

通用层贯穿整个信息系统的用户界面和业务逻辑层，主要用于存储公共常量定义与通用服务。这里的服务是指当前系统业务逻辑的通用方法，会被写在相应的静态类，并以服务的形式提供。

应用框架层可以允许技术沉淀，并将项目之间的通用组件移至应用程序框架层，以实现代码重用。

远程访问层是处理用户通过远程访问对平台服务的访问层面。

数据访问层相对复杂，由数据访问工厂层、数据访问接口层、自定义查询层、临时数据层和历史数据层组成。

基于上述 SaaS 软件体系架构设计，用于数控机床操作的 SaaS 云平台的架构设计中主要包括企业信息门户层、服务层、构建库层、数据库层以及系统安全平台这五个部分，各层之间的具体关系如图 4-17 所示。

企业信息门户层负责终端设备（即移动客户端）接口的定义、访问以及界面定制化设计等。

服务层主要具有业务功能，包括数据交换服务、人员 / 权限管理、组件管理服务、脱机访问服务、表单引擎和工作流引擎，并负责基本信息的管理。

组件库层包含的业务功能主要有营销管理、生产制造管理、人力资源管理、邮件系统、文档管理、过程管理和通知公告等，这些功能负责业务应用管理。

数据库层则主要负责访问链接以及控制。

系统安全平台负责此信息系统的安全问题，包括安全基础结构、业务

第四章　智趣化的应用设计　　**97**

应用程序系统安全以及安全管理保障体系等。该信息系统为每个应用程序子系统提供统一的安全服务，包括用户身份验证以及权限身份验证等。

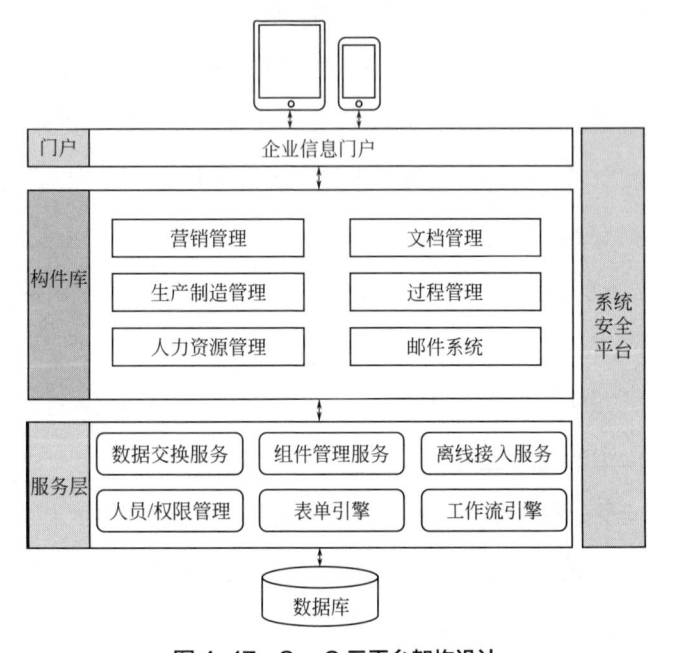

图 4-17　SaaS 云平台架构设计

移动客户端设计

由上位机端处理和计算后所转化的工作反馈数据将在云服务端进行集成和处理，最后传输到移动客户终端。本智趣式信息管理系统的移动客户终端能够向终端用户提供具有智趣体验式的最终工作绩效数据，目的是提高终端用户对其绩效结果反馈的感知能力，并增加其在工作中的游戏体验，从而将游戏的动机转化为更强的工作动机。本研究中的移动客户终端被称为"加工大亨"，它寓意着每位数控机床操作工人都有机会通过个人的努力成为制造行业内的精英。由于面向数控机床操作的智趣体验式工作设计所涉及的终端用户分为两种类型，因此根据用户角色为移动客户终端设计了两个端口，即员工端口和管理端口。例如，员工端的主要用户为数控机床操作工人，管理端的用户包括销售部门管理人员、生产部长、质检管理人员、人力资源统计人员、总经理、董事长等。

（1）移动客户端功能设计

移动客户端中的员工端的主要用户是制造工厂中的一线数控机床操作工人。该端口的主要功能包括生产任务、生产成就、生产广场和奖励商店这四项，整个端口的功能框架如图4-18所示。生产任务功能旨在向数控机床操作工人提供在特定工作日内需要完成生产任务的通知。此外，数控机床操作工人还可以通过自定义的方式制订个人生产计划，以满足特定的生产制造需求。此功能的目的是使操作员可以清楚地设定他们的工作目标并了解任务的内容，从而有效地完成工作。

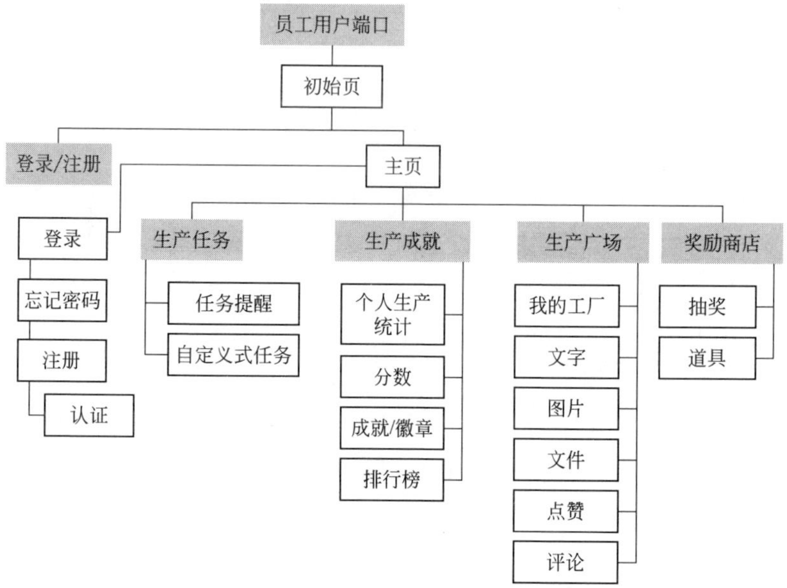

图4-18 "加工大亨"员工用户端功能架构

生产成就功能是对从云服务端获得的各种工作反馈数据，包括生产类数据、任务完成总分、任务成就、任务徽章和排行榜等，转化成用户可视可交互的信息。此功能旨在通过智趣体验式的视觉设计，为数控机床操作工人提供及时的工作反馈信息，提升他们对个人以及在集体中工作能力表现的认知，进而从外部促进操作工人的工作动机与工作表现。

生产广场是可供终端用户进行社交活动的地方。其中第一个主要功能是名为"我的工厂"的搭建虚拟工厂的活动，该活动可以使数控机床操作工人通过换取虚拟道具来建立自己的工厂，这些虚拟道具可以通过完成常规工作所获得的积分进行兑换。第二个主要功能是为数控机床操作工人提供分享关于工作时刻感悟的社交功能。它可以允许终端用户发布各种文本、图片、文档以及对他人发表评论。此功能的目的是通过社交手段促进员工之间的凝聚力和团结感，从而增强员工的注意力和工作动力。

奖励商店的功能也是智趣体验式设计的一项主要功能，该功能允许员工通过消耗虚拟积分来兑换相应的奖励。奖励包括虚拟商品，例如前面所提到的用于"我的工厂"中的建设部件；还包括具有实际激励性质的一些与工作相关的福利，例如"免申请假期一天""一小时带薪休假""双倍工件薪资奖励"等。同时，当操作工人所获得积分达到一定水平时，他们还可以换取关于职业能力培训和职业发展咨询的道具，以帮助自己获得个人职业规划和发展信息。此功能可以通过外部激励来增强员工的工作动机，并在一定程度上促进员工的自主性。

移动客户端的管理层用户包括但不限于企业总经理、生产部长、车间主任、质量检查员等管理人员。登录后，管理用户可以根据其角色权限访问相应的功能模块。该管理层用户端口的主要功能包括生产力量、生产计划、生产检测、生产数据、生产广场，具体功能结构如图4-19所示。企业高级管理人员以及生产部长可以通过生产能力功能对企业或者单个工厂在以日、周、月份、季度、年为单位的时间段内所完成的生产和统计信息进行获取，同时可以查询年度总存储率以及与其他期间存储率的比较等有关企业生产能力的信息。此功能旨在通过及时的反馈为管理层用户提供可监控、可预测、可决策的管理信息，从而优化和提升企业管理效率。

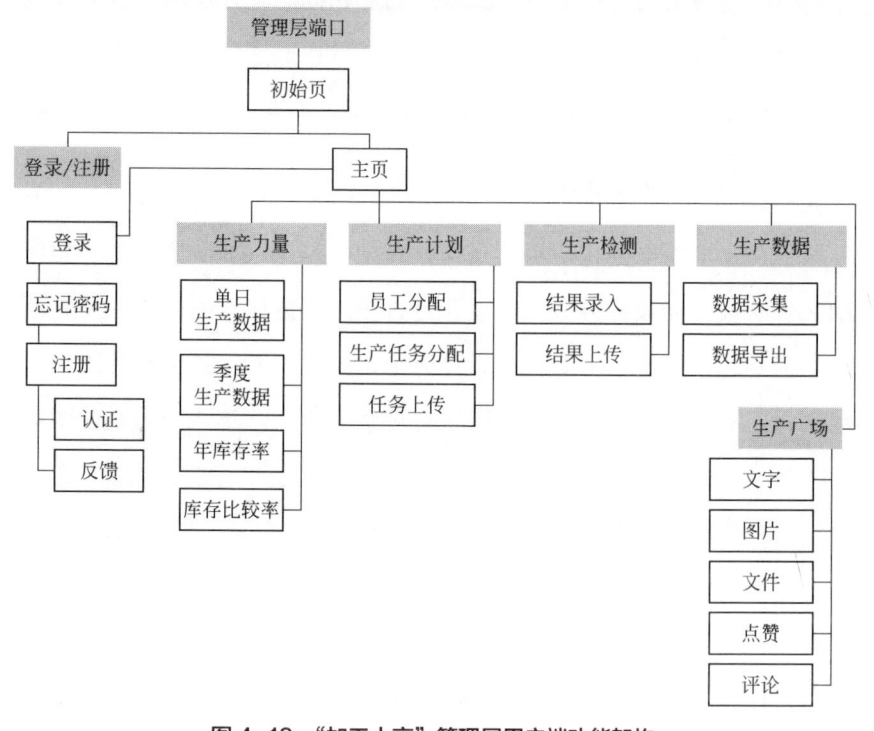

图4-19 "加工大亨"管理层用户端功能架构

生产计划功能是生产部长和车间主任所需要进行的核心任务。与员工用户端口的生产任务功能不同，管理层用户可以在此功能下自定义每个模块，包括人员分配、生产任务分配以及任务上传与下载等。此功能可以帮助相关管理人员通过具有可追溯性和可访问性的电子管理方法，更有效地分配生产计划，并为数控机床操作工人提供明确的工作目标，从而提高公司的管理效率和生产实力。

生产检验功能为质检部门相关人员所提供，他们可以输入并且上传和下载操作工人完成工件的产品检验报告。

生产统计功能是用来获取经过质检部门验证后的制造数据统计。这些数据与数控机床操作工人的绩效工资直接相关，并以电子方式传输到人力资源部门的劳资统计员处。

生产广场与员工用户端口中的相应功能相同。管理层用户也可以浏览并发布他们愿意分享的与工作相关的内容，旨在通过社交活动来增强企业凝聚力，激发员工工作动机并提升员工满意度。

（2）移动客户端交互界面设计

基于交互功能框架和初步交互操作模型的测试，本研究提出了相应的移动终端交互界面设计方案。在设计过程中，根据已有的同类产品界面风格及功能结构，提出了十套视觉设计方案，并通过专家评价和焦点小组的评估选择了其中的三套方案。在这三套视觉方案中，第一套方案如图 4-20（a）所示，主要采用的是大视野和扁平样式的组合。其主色调为蓝紫色，体现出制造业的严谨与冷静，同时通过亮黄色的辅助色调，带来理性的情绪，添加一定的跳跃感和活泼感。第二套设计方案的概念以金属加工工件的图片为背景，通过渐变和雾化的视觉效果传达具有先进、科技、专业的企业特点与工作氛围，具体界面设计如图 4-20（b）所示。第三套设计方案为卡通和游戏的扁平风格，重点突出具有游戏风格的图标和扁平材质，具体界面设计如图 4-20（c）所示。

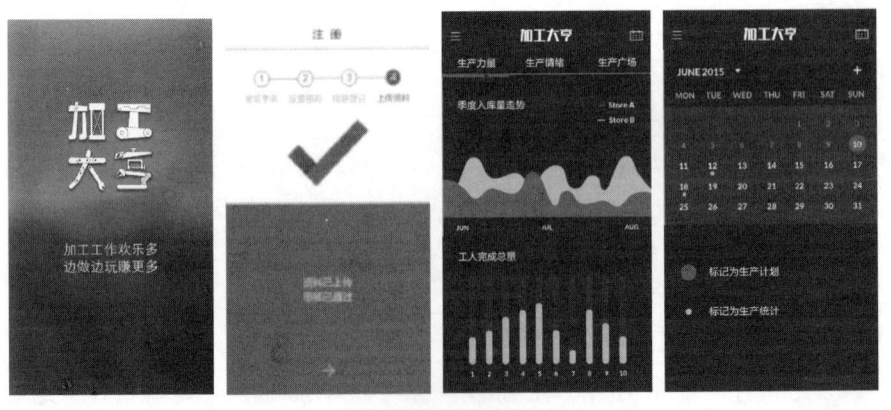

(a) 视觉设计方案1

图 4-20

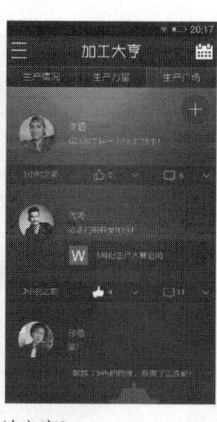

(b) 视觉设计方案2

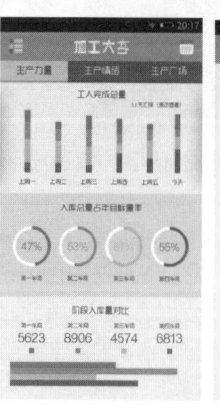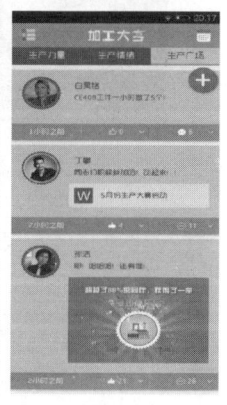

(c) 视觉设计方案3

图4-20 交互界面视觉设计方案

最后，对多名实际制造工厂用户进行用户可用性测试，从方案的色彩、版式布局、设计细节以及创新性等维度对以上三个方案进行评估，结果第三套方案的得分最高，因此选择基于第三套设计方案进行更加深入详尽的交互界面开发，测试过程如图4-21和表4-2所示。

对管理层用户端口的用户交互界面跟功能进行展示，具体界面如图4-22～图4-26所示。

（1）登录/注册

初始界面是用户进入应用后可以感知的第一个界面。如图4-22所示，

第四章 智趣化的应用设计 **103**

管理层员工在打开移动客户端后所看到的初始界面为采用了浅亮渐变的蓝色配合鲜艳生动的橙色，色彩呼应制造业需要理性思考并且需要推陈出新的创意主题。同时还出现了"加工工作快乐多"的理念口号，用于鼓励员工通过努力工作获得有回报的快乐工作。

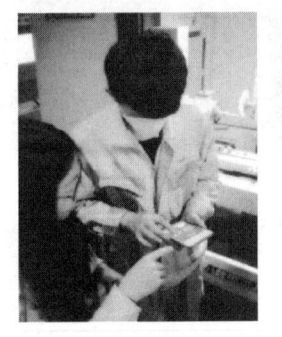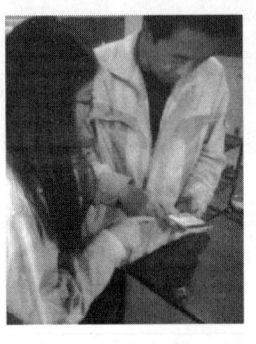

图4-21　工厂员工对交互界面方案进行评估

表4-2　工厂员工对交互界面方案的评估结果

评价维度	1	2	3
色彩	7.5	5.5	6.5
版式	6.5	6.0	6.0
细节	5.0	7.5	7.5
创新	5.5	6.0	8.5
综合	24.5	25.0	28.5

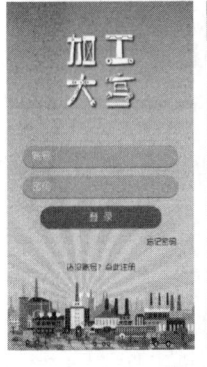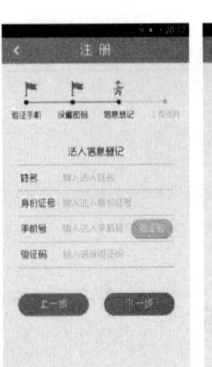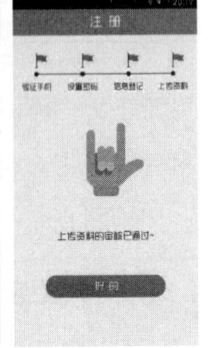

图4-22　管理层用户登录/注册功能的部分界面

104　游戏化改变制造业——工厂的智趣玩法

登录 / 注册功能的界面具有三个主要功能，即登录、注册和找回密码。为了保护公司信息的安全，只有具备公司级权限的人才能注册，例如企业的法人。参照微信公众号的注册方式，只有法人注册完成后，才能邀请公司其余员工进行注册。法人完成申请后，将有 7 天的审核期。

（2）邀请成员

如图 4-23 所示，除了法人以外，其他员工的注册方式则是等待接收法人以及相应的管理人员所发送的邀请代码，随后再进行个人账号的注册。当法人的注册获得批准后，移动客户端的交互页面将自动弹出是否邀请成员的提示。在进行成员邀请时，操作者应分别邀请管理端口用户以及员工端口用户。

图 4-23　管理层用户邀请成员功能的部分界面

邀请时，法人只需要填写员工的姓名及其手机号码即可。邀请完成后，可以在应用程序中查看人员列表，以便进行搜索。

（3）生产力量和生产广场

如图 4-24 所示，生产力量功能具有四个子功能，分别是工厂完成总量、单日或季度生产总量、年总入库率以及不同时段的入库率对比。不同车间使用不同颜色进行区分，可以通过车间之间完成情况的对比，了解生产能

第四章　智趣化的应用设计　**105**

力与生产近况。通过在交互界面上左右滑动，还可以查看多个连续工作日的生产情况。

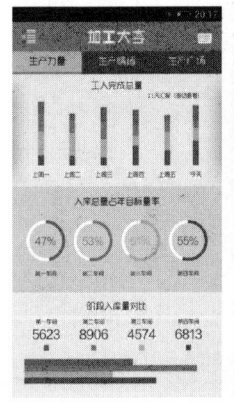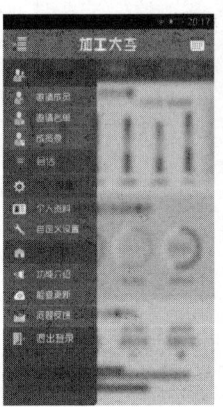

图4-24 管理层用户生产力量和生产广场功能的部分界面

生产广场在本移动客户端发挥着社交平台的作用。管理层用户可以发布文本、图像和与工作相关的文件，例如工作公告和个人工作日记等。当然，无论是管理层还是员工层用户，都可以在生产广场浏览、分享以及评论相关帖子。这样一来，工人们便能够有更近距离与管理层领导进行交流的可能，也为管理者提供了更多渠道以了解员工辛勤工作背后的故事。通过对相关帖子进行评论或者点赞，可以对员工产生一种精神上的奖励，从而促进员工与管理者之间的正向关系。

（4）生产计划

生产计划功能也由三个子功能组成，即人员分配、生产任务分配以及任务上传与下载，设计师将它们设计在同一个界面内以优化用户的交互体验，具体界面如图4-25所示。当生产部长以及车间主任在生产任务中填写了详细信息之后，他们将能够获得对每个任务的描述和选项的预览。

通过预览检查无误后，移动客户端将弹出"任务上传"按钮，以便管理层用户上传任务并查看任务详细信息，同时根据发布时间查看上传任务的记录。

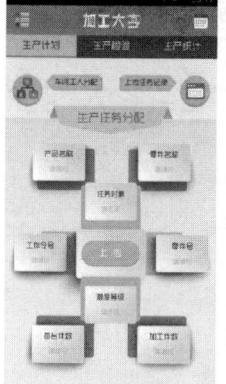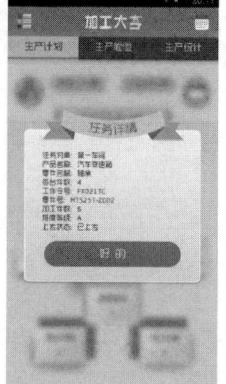

图4-25　管理层用户生产计划功能的部分界面

（5）生产检测

生产检测是质检部门相关人员的核心职能。此功能被设计在一个较长的交互界面中。在交互界面的顶部会提示有生产任务的详细信息，有助于相关检测人员确认所检查的对象。在交互界面的中部，当数控机床操作工人完成对工件的加工并将其通过移动终端提交报告给质检员后，质检员将在对应的地方看到任务提醒，随后便可以根据提示内容进行后续操作。当质检员完成检测任务后，可以通过单击"已检测"并填写相应的检测结果表格，然后单击"上传"按钮，将相关检测结果报告发送至生产统计相关负责人员处。

（6）生产统计

生产统计的主要功能包括最近两周的任务统计以及对统计信息的传输，具体交互界面如图4-26所示。相关负责人员可以通过单击每个任务以查看详细的检测结果。当对相关检测结果确认无误后，可单击"发送统计表"按钮，将自动生成的Excel文件作为统计结果传输到人力资源部门的移动客户端或者员工指定的邮箱中。

第四章　智趣化的应用设计　　**107**

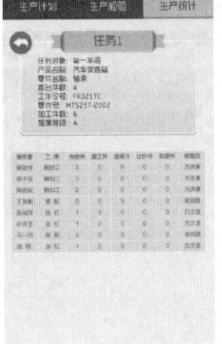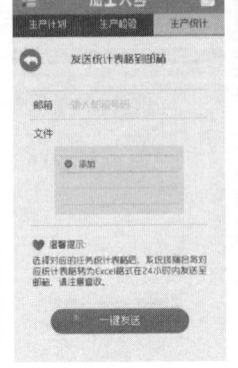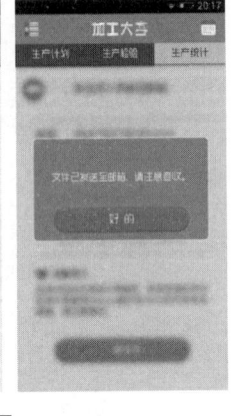

图4-26　管理层用户生产统计功能的部分界面

在"加工大亨"中，面向员工用户端口的主要功能和相应的交互界面如下所示。

（1）登录并注册

当员工收到相应的邀请码后，便可开始进行注册。在注册时，他们需要填写技术水平、岗位职责以及工作编号等个人信息。为了给用户增加游戏体验，会在用户填写注册信息时使用诸如进度条、内容解锁和奖杯等的游戏元素和游戏机制。如图4-27所示的交互界面，员工端的注册需要四个步骤，这四个步骤会通过显示在页面顶部进度条进行展示，以便用户更

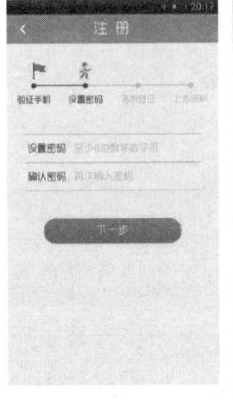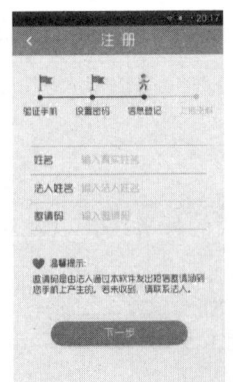

图4-27　员工用户登录注册功能的部分界面

108　游戏化改变制造业——工厂的智趣玩法

高效地理解注册的步骤，减轻在填写烦琐信息时的烦躁感。每一个步骤完成后，下一个步骤中的内容将会被解锁，并且通过旗帜形状的视觉标记作为信息状态通知。当用户完成注册后，便可以获得"信息狂人"的成就和徽章。该奖励旨在为用户带来意想不到的参与感和乐趣感。

（2）生产任务

如图4-28所示，生产任务的主界面是一个蜿蜒的大型进度条，其目的是将任务内容以及所需要付出的努力通过智趣式的可视化设计来激励用户实现其工作目标。在这个大型的进度条中，每个方框代表一天的生产任务。数控机床操作工人在完成被分配到任务的基础上，尽可能多地完成额外的工作任务，就有机会获得更多与其绩效工资相关的积分。当获得一定数量的积分时，在这个虚拟游戏中的下一等级便会被解锁，操作工人就有可以获得相应的成就和徽章以及相应积分的机会作为奖励，从而提升在工作中的动力与愉悦体验。在交互界面右上角，可以通过多个进度条来查看个人所处的等级、所获得的分数、可获得徽章的选择，从而及时了解个人工作绩效反馈，提升工作动力和满意度。

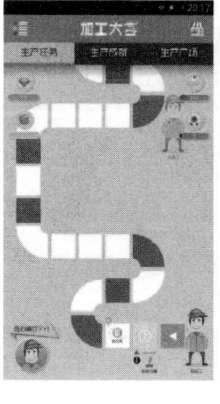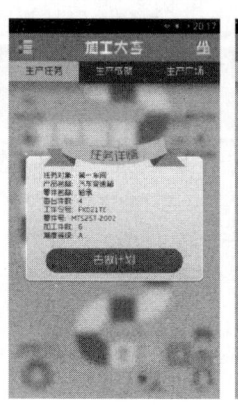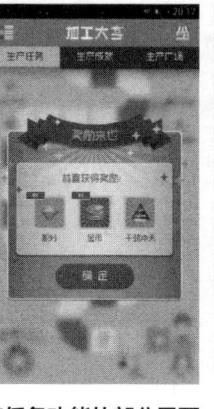

图4-28 员工用户生产任务功能的部分界面

（3）生产成就

如图4-29所示，生产成就功能所扮演的角色是为操作工人提供智趣体验式工作绩效反馈。在交互界面的顶部设计有若干进度条，用于显示操作工人的工作能力和工作绩效反馈。例如，技术水平进度展示的是员工在当下等级中所完成的工作成果，通过进度视觉化的方式激发数控机床操作工人对下一级别晋升的渴望。

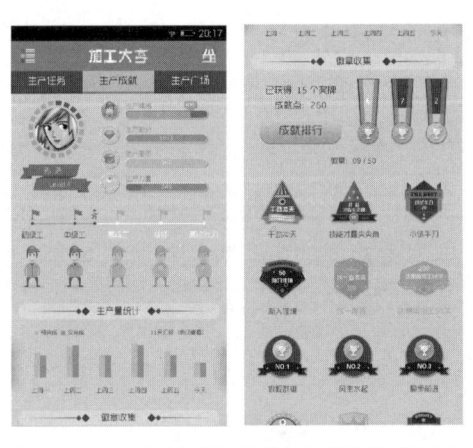

图4-29　员工用户生产成就功能的部分界面

同时，在交互界面的中段显示了工厂内参加竞赛员工的工作表现排名。该排名主要基于每日工作完成的结果，仅对处于前十名的员工进行展示，此举不但可以满足数控机床操作工人在竞争中的动机需求，同时也可以保护生产能力较弱用户的隐私。操作工人在工作过程中由于工作表现优异所获得的成就和徽章会被以全色的方式显示，而未获得的成就和徽章则在界面中呈半透明状态，这预示着有更多惊喜和目标等待操作工人去解锁，从而激发用户收集所有徽章并为之进行高效工作的动力。

（4）生产广场

员工用户端口的生产广场与管理用户端口的生产广场稍有不同，除了可以发布与工作相关的帖子以外，还可以进行"我的工厂"的虚拟建造。

如图 4-30 所示，当操作工人完成工作任务后，所获得相应的积分便可用于兑换构建虚拟工厂的道具。每个星期都有一个虚拟工厂排名，前三名的员工将会得到相应的奖励。虚拟工厂的功能不仅可以作为移动客户端中的小游戏，而且还可以作为员工之间的社交平台。数控机床操作工人可以在他们的虚拟工厂中发布他们的感受，通过发布展现个人心情相关的少量文字，为个人虚拟工厂营造个性化理念。其他员工可以进行浏览、评论以及点赞。借助虚拟工厂，数控机床操作工人可以观察到自己工厂的逐步发展，这十分有助于员工产生责任感和成就感，从而激励他们获取更多的积分用来维护与升级个人工厂。当然，在这个工厂里，员工也可以通过设置不同的浏览权限来保护个人隐私。

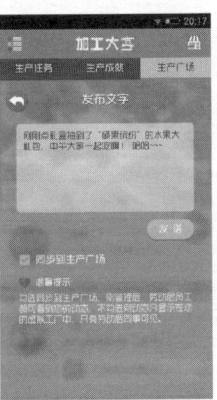

图 4-30　员工用户生产广场功能的部分界面

（5）奖励商店

在奖励商店功能中，操作工人可以使用积分来兑换两种类型的奖励。如图 4-31 所示，第一种类型的奖励为现实工作中可以使用的奖励，它是通过抽奖获得的。该类型的奖励包括"迟到抵消卡"和"带薪休假小时卡"等。由于该奖励使用了盲抽的方法，因而具有神秘性和意外的惊喜感，也会促进用户愿意为此努力工作以得到相应的奖励。

另一种类型的奖励是用于建造虚拟工厂时的一系列虚拟道具。使用兑换的道具对自己的工厂进行升级和建设，可以提高虚拟工厂的排名，从而有更多机会赢得实际性奖励。

图4-31 员工用户奖励商店功能的部分界面

第四节　让工厂试一试

系统应用评价

基于上述开发的智趣式信息管理系统，结合国内一个丝杠生产厂以及一个柴油发动机缸盖生产企业的实际生产过程，进行了智趣体验式工作设计的验证实验（由于篇幅所限，对验证过程数据不做过多赘述）。在经过与领导层的多次协商之后，取得了104个受测者的样本，受测样本的平均年龄在25.8～26.1岁不等，平均受教育程度为职高生（仅有一名本科生），样本受测平均每天在游戏上花费的时间从一个半小时到两个半小时不等，受测的性别由于工作性质均为男性，且具有两年以上的工作经验。在选取好被测样本之后，进行两个实验。实验一是对智趣体验式工作设计的有效性进行测试，提出的三个假设包括智趣体验式工作设计是否对工作动机、工作满意度以及工作绩效表现有提升作用。在实验开始前，将样本随机进行实验组和对照组的分配，第一天进行无任何干涉的正常八小时工作，随后填写工作动机量表、工作满意度量表并测量工作绩效表现（任务完成时长＋合格率）。在第二至第五天，实验组的人员会使用智趣式信息管理系统进行与第一天一样的工作，而对照组的人员则在没有智趣式信息管理系统的干预下进行与第一天一样的工作，随后两组都进行与第一天一样的测量。结果表明，实验组，即使用了智趣式信息管理系统的员工，第二至第五天的工作动机和工作满意度都具有显著提升，因此假设一和假设二得到了验证。在对两组员工的加工时长和合格率进行测试时发现，在加工同样数量的零件时，实验组的加工时长在第二至第五天相较第一天有了显著下降，而对照组没有显著变化。同时合格率在两组之间都没有显著变化，因此可以得到结论，智趣体验式工作设计对工作绩效表现有所提升，验证了假设三。基于前三个假设的验证，进行了实验二，即深入量化游戏元素与工作动机、工作满意度以及工作绩效表现之间的关系。将五个游戏元素分成两类，一类是智趣视觉反馈元素，包括分数、徽章、成就、排行榜，另一类是与队友的互动，通过发帖、点赞、评论的数量进行测量。通过结构方程模型的计算，得到游戏元素对工作动机、工作满意度以及工作绩效表现均具有显著性的正面提升；同时游戏元素对工作动机中的"动力感"和"时间感"的构念具有较好的提升，即当员工被问到"在工作过程中你是否感到有动力？""在工作过程中你是否会被任务激励？""你还想花更多时间来工作吗？""你是否觉得工作的时间过得特别快？"时，反馈结果较好。游戏元素对工作动机中的"快乐感"和"重要性"的构念也有较好的提升，当员工被问到"你觉得工作有享受感吗？""你觉得工作让你有机会从同事中脱颖而出吗""你觉得工作有机会让你使用自己的一些特长吗""你感受到了工作的成就感吗？"时，反馈结果较好。该系统的使用，可以有效地提升生产效率和员工积极的工作情绪，对本研究理论的提出和实践结果进行了有效的验证。

本章为改善数控机床操作流程的管理以及提升其对数控机床操作工人的正面影响，提出了一套智趣式信息管理系统，并且对其进行了有效性验证。该系统主要由四个部分组成，本章对该系统的整体框架以及各部分的功能进行了详细介绍。与其他信息管理系统相比，这种智趣式信息管理系统在提升企业管理效率以及员工工作效率的同时，还具有更加以人为本的优点。通过将前面所提出的智趣体验式工作设计策略在本章中进行应用实践，并且通过两个实证性研究对所设计的智趣式信息管理系统进行了验证，结果显示该智趣体验式工作设计可以有效提升数控机床操作工人的工作动机、工作满意度以及工作绩效表现，为制造业的管理方式方法提供一个创新的理念和解决方案。

第 五 章

智趣化在路上

第一节　制造业的智趣化

现有创新

本书的主要目的为探索智趣体验式工作设计对数控机床操作工人的心理和行为结果的影响。就典型的制造业工作而言，对数控机床操作工作进行智趣体验式工作设计是一次理念性的突破，旨在能够从一定程度上弥补制造企业对于数控机床操作工人在愉悦以及人性化工作体验营造方面的管理缺失。本研究从理论和实践层面进行了深入展开，具体研究结论如下所示，全书框架也如图5-1所示。

在全球制造业都面临革命性转折的时期，《中国制造2025》中提出中国制造业要以创新驱动、质量为先、绿色发展、结构优化、人才为本这五个核心内容为基本方针，其中以"人才为本"被设定为终极目标。然而在过去的几年间，制造业的离职率居各个行业之首，开迎来了招工荒、员工老龄化、人员流失率高等问题。随着大量的新生代员工，即80、90后成为制造业的主力军，他们具有追求工作兴趣、关注职业发展、崇尚享乐以及渴望情感交流的特点，而制造生产工作枯燥的工作性质、恶劣的工作环境、较低的薪资水平以及传统的管理方式则对他们具有较低的吸引力。因此，站在制造业人力资源可持续发展的角度上，除了解决制造业前沿技术的问题之外，关于人的问题也急需得到解决。数控机床操作，作为一种典型的制造生产工作，相较于普通机床具有高效、高精度等特点，然而高度的机械化也使其产生了重复性高、枯燥乏味、工作能动性低以及体力付出多而回报少的缺点。本书针对此问题，对国内外相关研究领域进行了文献梳理，

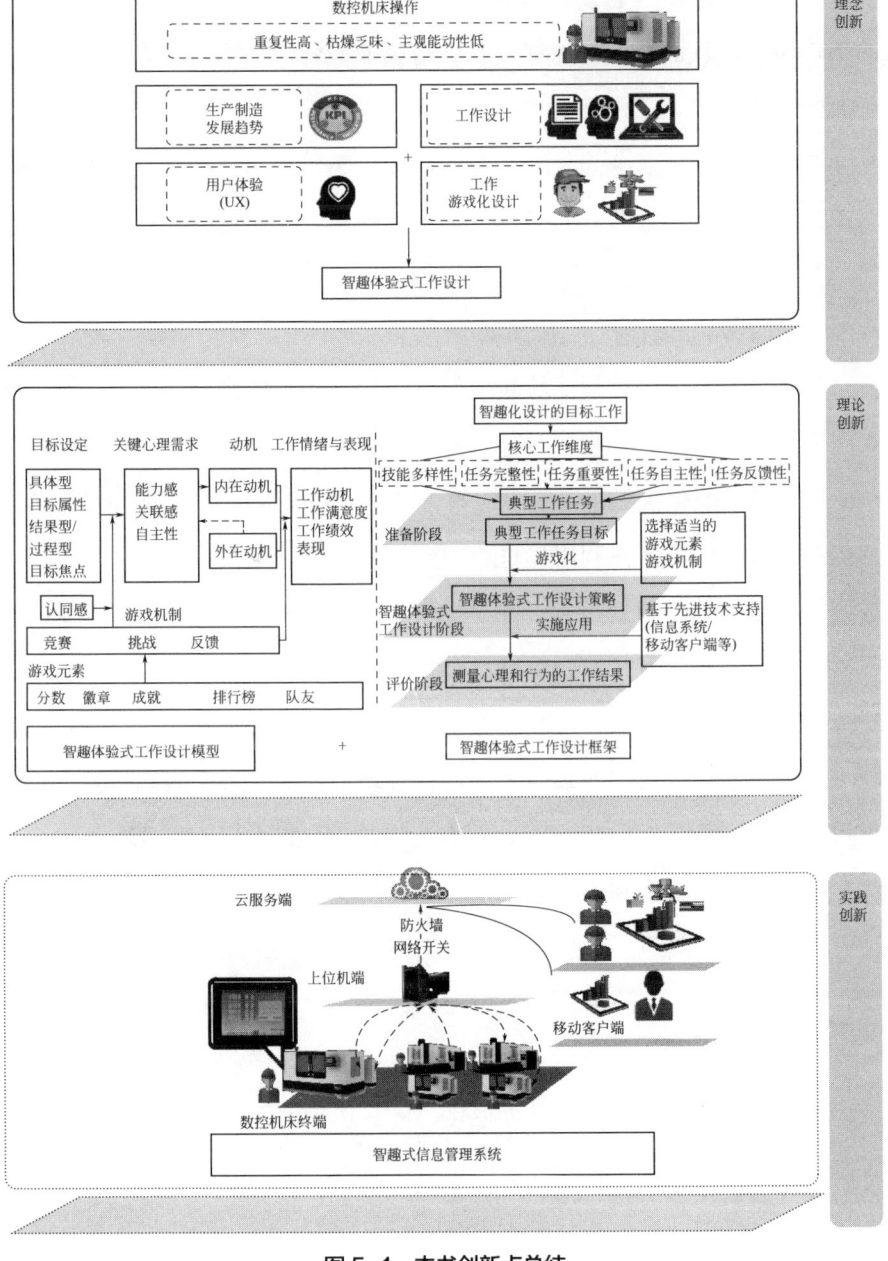

图 5-1　本书创新点总结

提出了"智趣体验式工作设计"这一创新概念。该概念在传统的较为关注技术与生产效率的工作设计基础上，加入"用户体验"的设计角度，旨在利用先进的互联网信息技术为数控机床操作进行一种兼具智能和趣味体验的工作设计，从而达到既能够提升制造企业的管理效率，又能够促进操作工人的工作动机、工作满意度以及工作绩效表现的双赢目的。对数控机床操作的智趣体验式工作设计研究及其应用，不仅是一次在智能制造趋势下对信息技术与制造业管理有机结合的设计探索，同时更为制造业人力资源的可持续性发展提供了一种新的解决策略。

本书取得的主要创新性成果如下。

首先，提出了"智趣体验式工作设计"这一新概念，其定义为"一种利用先进的互联网信息技术，为员工提供具有智能感和趣味感的工作体验，从而增强员工的积极工作情绪和绩效表现的创新性工作设计"。"智"，即为智能的、高效的，旨在利用先进和智能的移动互联网技术获取在生产制造过程中员工的工作绩效指标，并对操作者、制造设备以及操作者和制造设备之间的交互行为进行有机的联结，从而达到更高效、更智能地监督与管理企业的制造生产情况，这不但迎合了制造业管理的新趋势，即表现管理，同时采用先进信息技术对绩效表现进行管理，也响应了中国制造业向信息化和智能化转型的倡导。"趣"，解释为"趣味性的"，具有"投入感的"，旨在通过更具吸引力和愉悦的工作体验，提高操作者在工作环境中的工作动机和兴趣，从而进一步提高他们的工作绩效表现。这是一种从用户体验设计的角度提出的创新性工作设计，当"智"与"趣"相结合之后，智趣体验式工作设计则可利用智能信息技术对员工的工作绩效指标进行获取、记录和评估，并且以更及时、更可视化、更具趣味性的方式对员工进行工作反馈，使得员工特别是新生代员工对工作产生更强的兴趣和投入感，从而提升其在工作中的心理和行为表现。此举不但可以解决数控机床操作重复性高、枯燥乏味、工作能动性低的问题，从长远角度来看，也可以改善制造业难以吸引和留存人才的问题。

智趣体验式工作设计相较于传统工作设计，具有灵活性、高效性和激励性的特点。智趣体验式工作设计的灵活性体现在，它结合用户体验设计的理念，强调不改变工作本质，只是对工作过程中的体验进行优化，从而实现预期的组织目标。同时，由于借助移动互联网技术，企业的员工和管理者可以在非工作时间，对个人以及组织的工作相关信息进行获取，因此这种工作设计方法打破了工作性质、时间和空间的限制。智趣体验式工作设计的高效性体现在利用先进的信息技术以及制造业特有的智能技术，使员工的各项工作绩效指标可以得到及时和有效的获取、监督和评价。智趣体验式工作设计的趣味性，体现在它结合了具有游戏体验感的设计，通过对游戏元素、游戏机制的选择，产生特定的内部心理动机，从而对工作中的行为结果进行影响。

书中提出了基于动机心理学理论的智趣体验式工作设计模型，作为智趣体验式工作设计的理论基础。此模型以自决理论为核心部分，它的核心观点认为当人们满足了三种基本心理需求后，就会产生完成某种行为的内部动机。这三种心理需求是能力感、关联感和自主感，一部分的外部动机也对这三种心理需求进行满足，从而转化为内部动机。在此基础上，目标设定理论中提出当目标被设定之后，人们会倾向于为它付出努力，产生自我效能感、对他人进行承诺，并且认为目标具有重要意义的感受，这些感受与自决理论中的基本心理需求具有较强的关联性，因此两个理论被关联在一起。同时，选取工作特征模型作为工作设计的理论支撑，该模型认为工作具有五个核心工作维度，即技能多样性、任务完整性、任务重要性、任务自主性和任务反馈性，当这五个维度被很好地设计后，会使员工产生责任感、意义感和认知感，从而产生高内部动机、高工作满意度、高工作质量以及低离职率和低缺勤率。这种工作上的心理感受和行为结果与自决理论的基本心理需求又具有一定的关联性，因此这三个理论被联结在一起。同时，当人们设定某个目标时，分数、徽章、成就、排行榜以及队友，是五个典型且适合于工作设计的游戏元素，它们会对竞赛、挑战、反馈这三种游戏机制进行影响，而这三种游戏机制与自决理论中的基本心理需求又具有较强的相关性，因此这五个游戏元素和三个游戏机制被选中作为智趣体验式工作设计模型的游戏化部分。此外，为了防止强制性快乐给员工带来的负面情绪，认同感也被纳入了考量，因为它的成因与基本心理需求中的自主感具有较强的关联性。在结合目标设定理论、自决理论、游戏化理论、工作特征模型以及认同感的概念之后，提出了智趣体验式工作设计的模型。该模型的创新之处在于，明确并且强调了特定的游戏可供性与工作设计中心理和行为结果之间的关系，从而填补了在游戏元素、游戏机制与心理动机对应关系的理论空白，并且为智趣体验式工作设计提供了理论支持。

随后书中提出了智趣体验式工作设计框架，用于更加有效地指导数控机床操作的智趣体验式工作设计过程。此框架包括准备阶段、智趣设计阶段和评价阶段。具体而言，准备阶段在明确目标工作之后，依照工作特征的核心工作维度对目标工作进行典型任务的细分，并且提出典型任务的目标；智趣设计阶段，针对典型任务目标，紧密结合智趣体验式工作设计模型所提出的内容，通过目标设定、满足基本心理需求，来凝练出针对典型数控机床操作的智趣体验式工作设计策略，形成有效的设计方法。基于智趣体验式工作设计策略，结合技术的支持，对其在实际工作中实施和实现。在评价阶段，选取真实的工作环境，通过测量参与者的心理和行为结果，评估智趣体验式工作设计的有效性。该框架的优势在于，从工作特征的核心维度出发，对于不同行业不同类型的工作设计具有更广泛的通用性。同时，将信息技术集成到制造业工作设计的尝试，也积极响应了工业4.0对制造业转型的要求和期望。

在智趣体验式工作设计框架的基础上，对数控机床操作工作进行了智趣体验式工作设计。在准备阶段，将数控机床操作工作通过五个核心工作维度，细分成两类典型工作任务，包括五项准备任务，如检查程序、检查坐标原点和四项加工任务，如上料卡紧、开启加工程序等。从任务多样性的工作维度来讲，这九项典型工作任务的多样性较好，需要操作者进行各方面能力的应用，其典型工作任务目标被设定为精准及高效，同时希望工作环境是具有激励性的。由于数控机床操作在任务完整性和任务重要性这两个工作维度较难进行智趣体验式工作设计，因此本研究将这两个维度省略。从自主性的工作维度来讲，典型工作任务被细分为对工作节奏、工作顺序、是否参与智趣体验式工作设计的自主选择权，这些任务的目标是自主的选择权利和激励性的工作体验；在反馈这一工作维度角度，典型工作任务是对个人工作能力、同事之间的竞争能力以及薪资信息的反馈，典型工作任务的目标在于实时性，并且具有激励性的量化指标。在明确了典型工作任务目标之后，选择竞赛、挑战、反馈这三个游戏机制，以及分数、徽章、成就、排行榜、队友这五个游戏元素，提炼智趣体验式工作设计策略。具体而言，在任务多样性的维度，九项典型工作任务将会以列表的形式展示，为了又快又好地完成任务，单项任务与所有任务完成的总项耗时将被用来进行竞赛比拼。单项冠军与其余设定的多个成就挑战的获得者，有额外积分奖励，所得的积分与实际酬金挂钩。在自主性的维度上，操作者可在加工过程中自主选择工作节奏快慢，并且自主选择参赛与否，从而避免强制性快乐带来的负面影响。在反馈的维度上，操作者可以实时看到个人工作能力反馈，并且可以得到同事间能力和社交反馈，以及薪酬待遇反馈。提炼出以上的智趣体验式工作设计策略，通过先进的信息技术，对其实施，并在评价阶段，结合实际的工作环境进行实验，通过对被测的心理感受和行为表现的变化，对该智趣体验式工作设计的有效性进行评价。

为了实现智趣体验式工作设计策略，开发了一套面向数控机床操作的智趣式信息管理系统，包括数控机床终端、上位机、云服务器端和移动客户端终端四个层次。数控机床端的功能在于，在制造生产的过程中，数控系统可以自动地、实时地对智趣体验式工作设计策略中凝练的九项典型工作任务进行数据的采集。此项功能是迄今为止大多数数控机床并不具备的，本研究利用 FANUC Picture 软件对数控系统进行二次开发，在任务开始后，数控系统可以自动并且实时记录各项任务耗时，当九项任务或者加工工作完成之后，系统界面会提示是否要参与竞赛，员工可以自主选择是否参赛，如果愿意提交成绩，系统将会显示实时排名。在研究的过程中，为了避免这项操作给员工的实际生产带来干扰和负担，该交互界面是被隐藏在系统主屏幕一个按钮下的，因此只有当员工主动查询时才会看到该界面的信息，此举也避免了对工作产生干扰而降低生产效率的问题。这些任务完成耗时的信息被上传到上位机，上位机的作用可以实时反馈多人在线时的绩效表现情况，并将反馈信息，即排名传回到机床端。经过上位机处理后的信息还会被上传到云端服务器，可在一定时间内进行重新统计和计算，并将当日的工作情况反馈至移动客户端。移动客户端的设计包括两个端口，即员工端口和管理层端口。在员工端口，主要包括生产任务、生产成就、生产广场、奖励商店这四个核心功能。员工可以在被派发到任务之后，查询任务提醒，同时还可以进行自定义式的任务加工，挑战个人工作能力，追求多劳多得的工作结果。在生产成就的功能下，员工可以查到个人的生产统计经过以及徽章、分数等游戏成就。分数可以在商店中进行道具的兑换和抽奖，从而在生产广场这个具有社交性的功能下建设自己的工厂以及与同事之间的互动。管理层端口主要包括生产力量、生产计划、生产检验、生产统计以及生产广场这五个核心功能。在生产力量功能下，企业管理者可以查看单日、季度、年度的生产数据以及库存销售总量。在生产计划功能下，相应的管理部门可以进行员工分配、任务分配和任务上传等操作。在生产检验功能下，质检部门的员工可以完成结果录入和上传的操作。在生产统计功能下，可以完成数据采集以及数据导出这两个功能。在生产广场功能下，与员工端口的功能类似，具有一定的社交性，可以发布文字、图片、文件、点赞、评论等。

此智趣式信息管理系统的优势在于，通过互联网的方式编制了面向企业管理层和员工层的移动客户端软件，并在数控机床终端的开发过程中，成功地攻克了与 FANUC 数控系统集成的技术难题，实现了生产数据、数控系统和移动终端一体化的目标。在实际工作过程中，利用该系统可以解决提升工作能动性和生产效率的问题，并有助于生产管理数据的积累。员工在工作时间内，可以通过机床端的智能采集功能，对个人的工作以及在群体中的工作表现情况获取实时的量化信息；在非工作时间，员工和管理者也可以通过移动互联网的智能性对工作信息进行具有趣味性的获取，从而对工作的行为结果产生影响。

第二节　智趣化的发展

本书对面向数控机床操作的智趣体验式工作设计进行了一定的研究。然而，在未来的工作中，仍需要为建立相对完整的理论体系并取得理想结果进行更深入的探索，具体可以在以下几点进行持续性研究。

建立一套针对智趣体验式工作设计的评价标准是未来研究的一项重点任务。对于当前智趣体验式工作设计所采用的评价方法为基于若干现有的心理量表进行测量，可能会导致在评价指标方面的不全面，诸如愉悦感、紧张感、投入感等对于智趣体验式工作设计具有影响的评价指标迫切需要被纳入研究范畴，从而夯实智趣体验式工作设计的理论基础。

智趣式信息管理系统的商业化策略也应当被视为一项可进行的后续研究。目前所提出的智趣式信息管理系统仍处于原型阶段，从管理和技术角度来看，它仍具有较大的改进空间。更多与制造工作相关的部门机构应当被纳入设计的范围之内，同时还应当解决该系统与其他现有管理系统的集成问题。通过更多形式的多学科交叉合作，例如携手制造企业、移动互联网技术企业、管理领域的研究学者共同合作，促进研发更加成熟的智趣式信息管理系统并且对其进行实际有效的成果转化与商业推广。

智趣体验式工作设计的相关未来研究应该进行更长时长的实证实验，从而探索它对参与者的正面以及负面影响方面的持续能力。智趣体验式工作设计或游戏化设计的长期有效性，的确会受到相关学者的质疑。像所有游戏一样，智趣体验式工作设计能够为参与者所带来的参与感、新颖性以及乐趣感的确会随着时间推移而日渐消退，那么它所带来的收益成效可能也会持续随之减弱甚至消失。有研究表明，所应用的游戏化设计越简单，其受欢迎程度下降的速度就越快。有趣的工作设计可能会在中等长度周期

124　游戏化改变制造业——工厂的智趣玩法

内的应用发挥最大作用。为了延长智趣体验式工作设计的"寿命",更加充分以及适合的游戏元素、游戏机制以及游戏战略计划都应当被进行更广泛的挖掘与系统化整理。在未来,更复杂的智趣体验式工作设计可能会引发一系列更深入的研究。